LES

INVASIONS DE 1814 ET DE 1815

DANS LE

DÉPARTEMENT DE L'AIN

PAR

Alexandre BÉRARD

Docteur en droit
Conseiller général de l'Ain
Substitut du Procureur de la République à Lyon

(Extrait des *Annales de la Société d'Emulation de l'Ain*,
année 1887, nos 2 et 3.)

BOURG

IMPRIMERIE VICTOR AUTHIER

—

1887

LES

INVASIONS DE 1814 ET DE 1815

DANS LE DÉPARTEMENT DE L'AIN

LES

INVASIONS DE 1814 ET DE 1815.

DANS LE DÉPARTEMENT DE L'AIN

LES
INVASIONS DE 1814 ET DE 1815

DANS LE

DÉPARTEMENT DE L'AIN

PAR

ALEXANDRE BÉRARD

Docteur en droit
Conseiller général de l'Ain
Substitut du Procureur de la République à Lyon

(Extrait des *Annales de la Société d'Emulation de l'Ain*,
année 1887, nos 2 et 3.)

BOURG
IMPRIMERIE VICTOR AUTHIER
—
1887

LES

INVASIONS DE 1814 ET DE 1815

DANS LE

DÉPARTEMENT DE L'AIN

PAR

ALEXANDRE BÉRARD

Docteur en droit
Conseiller général de l'Ain

La tâche d'écrire ces pages eût dû être celle de mon vénérable ami, M. Ch. Jarrin ; elles eussent formé la suite de son ouvrage si remarquable sur la *Bresse et le Bugey*, sur l'histoire de notre cher département à travers les âges. Mais, dans un moment de fatigue, M. Ch. Jarrin nous a lui-même mis la plume en mains. C'est donc sur ses conseils que nous écrivons, et c'est cette pensée seule qui nous donne courage et confiance ; c'est elle qui nous permet d'espérer que ces modestes pages ne seront pas absolument indignes de faire suite au livre du savant distingué, du chercheur laborieux, qui a élevé à la Bresse et au Bugey ce durable monument de philosophie et d'histoire.

La tâche d'écrire ces pages eût dû être celle de mon honorable ami, M. Ch. Jarrin ; elles eussent formé la suite de son ouvrage si remarquable sur la Bresse et le Bugey, sur l'histoire de notre cher département à travers les âges. Mais, dans un moment de fatigue, M. Ch. Jarrin nous a lui-même mis la plume en mains. C'est donc sur ses conseils que nous écrivons, et c'est cette pensée seule qui nous donne courage et confiance; c'est elle qui nous permet d'espérer que ces modestes pages ne seront pas absolument indignes de faire suite au livre du savant distingué, du chercheur laborieux, qui a élevé à la Bresse et au Bugey ce durable monument de philosophie et d'histoire.

tion de Napoléon Iᵉʳ, malgré l'héroïsme de l'armée tout

LES INVASIONS DE 1814 ET DE 1815

DANS LE DÉPARTEMENT DE L'AIN

CHAPITRE PREMIER

LES DÉSASTRES DE 1813. — LA FRANCE IMPÉRIALE ET LA
FRANCE RÉPUBLICAINE. — 1792 ET 1814.

L'armée française avait, dans un superbe élan, enlevé
le plateau de la Moskowa ; le génie militaire de Napoléon Iᵉʳ, dans une campagne aussi mémorable que celle
de Charles XII, avait conduit encore une fois, au milieu
des steppes dénudés, les aigles à la victoire; la France
avait toujours au cœur même vaillance ; mais, entraînée
sur tous les champs de bataille de l'Europe depuis vingt
ans par l'orgueil et la folle ambition de celui que, dans
un moment de sot enthousiasme, elle s'était donné pour
maître, de celui entre les mains duquel elle avait abdiqué sa liberté et sa volonté, la France épuisée par mille
blessures, ruinée par la guerre, ayant vu tomber tous
ses enfants au soir même de cent victoires, n'allait plus
pouvoir défendre son propre territoire, sa frontière du
Rhin et sa frontière des Alpes contre l'Europe coalisée.

Aussi depuis l'incendie de Moscou ne fut-ce, malgré
l'intrépidité de Ney « à l'âme trempée d'acier » selon le

mot de Napoléon Ier, malgré l'héroïsme de l'armée tout
entière, à travers les glaces de la Bérézina, les marais de
la Lithuanie, les plaines de la Saxe et de la Silésie, qu'une
longue déroute jusqu'aux Vosges, interrompue seulement
par la sanglante bataille de Leipzick, *la Bataille des
Nations.*

Sous les pas de ses soldats, tous les peuples que Napoléon, méconnaissant les grands principes de la Révolution et des armées de la République, avait soumis à son
joug de fer au lieu de les affranchir, tous les peuples,
qu'il avait enrôlés sous ses drapeaux, après avoir démembré leurs provinces, et conduits avec lui contre l'empire
du tzar, tous se soulevaient, Prussiens, Saxons, Autrichiens, tous tournant leurs armes contre lui, tous s'unis-
sant contre César au nom de leur liberté nationale !

Du jour où, sur les rives de l'Elbe, en plein combat,
le troisième jour d'une lutte que 190,000 Français soute-
naient contre 333,000 ennemis, les Saxons et la cavalerie
wurtembergeoise avaient, sur le champ de bataille même,
trahi notre drapeau et tourné leurs épées contre nous,
c'en était fait de toutes nos alliances ; c'en était fait de
notre cause : la France était vaincue puisque les plus
lâches eux-mêmes n'hésitaient pas à trahir le drapeau
tricolore !

C'est en vain que, à Hanau, culbutant 60,000 Austro-Ba-
varois qui barrent le chemin du Rhin, Napoléon gagne
une dernière et éclatante victoire, c'est en vain que du
Tailly à Torgau, Lapoype à Wittemberg, Lemarois à Magdebourg, Grandeau à Stettin, Ravier à Damm, Fornier
d'Albe à Custrin, Laplane à Glogau défendent héroïquement nos forteresses contre les coalisés, il faut se replier
sur le grand fleuve qui sépare la Gaule de la Germanie,

il faut réduire nos efforts à protéger contre l'invasion le vieux sol français.

Et pendant que, au Nord, la grande armée reculait sur le Rhin devant la poussée formidable des Allemands et des Russes, l'Espagne soulevée nous chassait, avec l'aide de Wellington, de la péninsule et, quelques jours après, l'armée hispano-britannique franchissait la Bidassoa.

Toute l'Europe était à nouveau liguée contre la France comme en 1792 ; mais, en 1792, c'étaient les rois qui faisaient la guerre à la liberté et nos soldats remplis de l'héroïque enthousiasme de 1789 allaient ébranler les trônes et affranchir les peuples, tandis que, en 1814, c'étaient les peuples eux-mêmes qui, voulant secouer le joug de César et reconquérir leur indépendance, faisaient la guerre à la France en la faisant à Napoléon ; en 1792, c'était l'aurore de la liberté, le vieux peuple franc se réveillant de sa léthargie féodale, monarchique et sacerdotale, ayant foi dans cet Evangile moderne qui a nom les *Droits de l'Homme*, dans un élan irrésistible, dans l'élan de la jeunesse, renversait au chant de la *Marseillaise* et au son du canon de Valmy et de Jemmapes, les bataillons de Brunswick et les armées impériales; en 1814, la France épuisée par le despotisme, ruinée par des guerres de folle conquête, n'ayant plus la foi comme elle n'avait plus la liberté, avec des soldats de dix-sept ans, ne pouvait plus résister à la formidable invasion.

Nous qui, depuis vingt ans, avions successivement jeté nos bataillons sur l'Italie, sur l'Autriche, sur l'Espagne, sur l'Allemagne, sur la Prusse, sur la Russie, nous qui avions promené les aigles impériales de Cadix à

Moscou, de Naples à Dantzig, nous qui avions porté l'invasion partout, nous allions sentir la barbarie de la conquête et ses douleurs, nous allions voir nos pénates souillés, nos terres ravagées, nos maisons pillées, nos femmes et nos filles profanées et violées !

Nous qui avions imposé des rois à l'Espagne, à Naples, à Milan, à la Westphalie, nous allions voir les Cosaques et les uhlans tirer de leurs fourgons les pires ennemis de la patrie et de la liberté, les Bourbons, pour les faire remonter sur le trône, d'où les avait chassés la volonté populaire, pour leur donner à eux, les traîtres de Coblentz, le pouvoir sur la nation d'Arcole et de Rivoli !

Grâce à la folie de Napoléon, nous allions payer cher son orgueil, son ambition, ses conquêtes éphémères : nous avions souffert de son despotisme, nous allions souffrir plus encore pour le racheter : lui, César, il avait eu la gloire d'Austerlitz, de Wagram et d'Iéna, c'est nous qui allions pleurer au lendemain de Leipzick et de Waterloo ! C'était aux siens qu'il avait donné des trônes à Munster, à Madrid et à Naples, c'était nous qui allions subir le despotisme odieux des Bourbons !

Est-ce donc là la justice de l'histoire ?

Hélas ! ne l'oublions pas, ce châtiment nous l'avions mérité, puisque nous avions abdiqué entre ses mains ce qui fait la grandeur, la personnalité des peuples comme des individus, notre libre arbitre, la liberté. Dieu, dans sa justice et sa sagesse infinies, châtie les hommes et les peuples qui méconnaissent et méprisent le sublime apanage qu'il a placé à côté de la lumineuse raison, la liberté ; il punit ceux qui ont eux-mêmes tendu les mains aux chaînes de l'esclavage ! Il nous avait donné la victoire quand nous conquérions la liberté et quand nous com-

battions pour elle ; il nous a tout repris, les frontières
du Rhin et des Alpes, le jour où nous sommes volontairement retombés dans la servitude.

La France républicaine et libre s'étendait du Rhin aux
Pyrénées, c'était la Gaule antique ; la France impériale
s'est étendue un jour jusqu'aux bouches de l'Elbe et
jusqu'aux bouches du Tibre, mais pour nous laisser le
lendemain aux anciennes frontières de la France monarchique et pour rendre la couronne au frère de Louis
XVI !

Et, comme suprême douleur, en ces jours de deuil et
de désastre, on put voir d'anciens Français, des renégats,
les émigrés indiquer à l'étranger la route de la patrie,
servir de guides aux généraux prussiens et autrichiens
dans les plaines de la Champagne et dans les défilés soit
du Jura, soit des Vosges.

Heureusement pour lui, l'ancien général de la République, le vainqueur de Rastadt et d'Ettlingen, le savant
stratégiste du val d'Enfer, Moreau, n'avait pu consommer
sa trahison, son forfait jusqu'au bout et suivre le tzar
jusque sur les bords du Rhin : à Dresde, un boulet providentiel l'avait frappé mortellement au moment où il
indiquait à Alexandre Ier une manœuvre à faire ! Mais les
autres renégats n'étaient que plus acharnés contre la
patrie : tous ces nobles qui avaient fui la terre de la Révolution pour aller s'enrôler sous les drapeaux du roi
de Prusse et de l'empereur d'Autriche allaient revenir
pour essayer de relever la féodalité sur les ruines de la
France.

Et, à l'intérieur, n'allaient-ils même pas trouver de
fidèles alliés ? Ces royalistes qui, après avoir fait la guerre
de Vendée, n'avaient cessé de conspirer contre la patrie,

organisant même le brigandage, armant les bandes des compagnons de Jéhu et des compagnons du Soleil, pillant, volant, incendiant, égorgeant, ces royalistes, sous la protection des envahisseurs, ils allaient, dans leur rage sanguinaire, commencer une terreur horrible, dont les incendies et les fusillades de la Commune devant les bivouacs prussiens en 1870 peuvent à peine reproduire l'image effacée.

Et même, à côté de ces royalistes, de ces ennemis intraitables, chez qui la haine folle de la Révolution et de l'Empereur avait obscurci et effacé toute idée de patriotisme, il y avait toute une bourgeoisie harassée, épuisée, qui accusait hautement l'ambition de Napoléon de tous les malheurs de la nation : elle l'accusait d'avoir, dans les huit dernières années, répandu sur tous les grands chemins de l'Europe le sang de deux millions de soldats et semé à pleines mains, dans un gaspillage effréné, huit milliards enlevés aux contribuables et au trésor français. « Les gens qui n'avaient vu dans la Révolution que la « conquête d'institutions libres, les débris des Girondins, « les vaincus du 18 fructidor et du 13 vendémiaire, la « génération nouvelle qui souffrait de la dictature sans « comprendre les causes qui l'avaient amenée, enfin les « mères de famille, les commerçants ruinés, les nombreuses victimes du régime impérial, tous ne voulaient « plus de Napoléon, et étaient prêts à sacrifier le représentant de l'indépendance nationale pour un peu de « paix et de liberté. » (1).

A force de fouler aux pieds, à l'extérieur, l'idée de

(1) Th. Lavallée. *Histoire des Français.* T. iv, p. 564 (édit. Charpentier, 1874).

patrie, de jouer avec l'indépendance des nations et la liberté des peuples, Napoléon était arrivé à détruire l'idée de la patrie dans cette nation française qui, vingt ans auparavant, avait, à cette seule idée, fait tant de grandes choses ; il avait, dans tous les cas, perdu le droit — si ce droit n'est pas imprescriptible et sacré ! — de parler de l'indépendance nationale aux Prussiens, aux Allemands, à tous les peuples dont il avait démembré les provinces : en 1806, il eût laissé Magdebourg à la reine Louise pour la rose de son corsage, les Prussiens allaient à leur tour lui montrer qu'ils ne prisaient pas à plus haut prix les villes de la Sambre et les départements de la Belgique.

Le despotisme aura porté ses fruits : la peur, la lâcheté, la trahison seront partout en ces lugubres années de 1814 et de 1815 : nul ne pourra reconnaître dans ce peuple qui arborera si facilement — du moins dans la bourgeoisie — la cocarde blanche, celui qui détruisit la Bastille et lutta, sous la direction de Carnot, contre les quatorze armées de l'Europe coalisée. Néanmoins, il y aura dans les classes populaires des dévouements et un héroïsme qui démontreront que l'âme de la France n'était pas morte et qu'un jour elle aurait son réveil au soleil de la liberté.

Situé sur la frontière, exposé aux premiers coups de l'invasion, le département de l'Ain allait devenir le théâtre des exploits des coalisés et des royalistes. Plus heureux encore que d'autres, il n'allait pas être cependant arraché à la patrie française.

CHAPITRE II

L'INVASION DU TERRITOIRE. — LES AUTRICHIENS A GEX.
— REDDITION DU FORT DE L'ÉCLUSE. — SOULÈVE-
MENT DES GARDES NATIONALES DE L'AIN. — LES
GENDARMES DE NANTUA. — COMBAT DU PONT DE
JUGNON. — BUBNA A BOURG. — AUGEREAU REPREND
L'OFFENSIVE. — COMBAT DE MEXIMIEUX. — REPRISE
DU FORT DE L'ÉCLUSE. — COMBAT DES BALMETTES.

En rentrant à Paris, Napoléon avait prononcé le vrai
mot de la situation : « Il y a un an, disait-il au Sénat,
« toute l'Europe marchait avec nous ; aujourd'hui toute
« l'Europe marche contre nous. »

Et il ajoutait :

« Nous aurions tout à redouter sans l'énergie et la
« puissance de la nation. »

Hélas ! cette énergie et cette puissance, il avait pris
soin lui-même de les épuiser et de les détruire tant par
son despotisme que par ses folles campagnes : son mer-
veilleux génie militaire n'allait plus suffire pour sauver
la patrie de tous les périls qui la menaçaient au nord et
au midi, aux Pyrénées et aux Alpes.

Il ne lui restait plus que 60,000 hommes à opposer
aux 500,000 que mettait en ligne l'envahisseur.

Pendant que 160,000 Anglo-Espagnols, sous le commandement de Wellington, forçaient la ligne pyrénéenne
et que 80,000 Suédois, Russes et Prussiens, sous la
direction d'un traître, Bernadotte, qui était monté sur le
trône de Gustave Wasa, menaçaient la Belgique, l'armée
de Silésie, sous Blücher, après avoir franchi le Rhin en-

tre Spire et Coblentz, se jetait dans la vallée de la Mo-
selle et de la Meuse, et l'armée de Bohême, sous Schwartzenberg, violant la neutralité de la Suisse, pénétrait par
le Jura sur le sol national.

Ces deux armées fortes de 360,000 hommes environ
devaient faire leur jonction sur le plateau de Langres.

C'était donc l'armée de Schwartzenberg qui devait envahir le département de l'Ain.

Elle franchit le Rhin à Schaffouse le 21 décembre 1813
et se divisa en six colonnes. Une d'elles commandée par
un lieutenant du maréchal autrichien, le général Bubna,
occupa successivement Bâle, Soleure, Berne, Fribourg et
marcha ensuite sur Lausanne et Genève. C'est elle qui,
sans rencontrer nulle résistance, franchit notre frontière.

Le 29 décembre 1813, soixante-dix — cavaliers et
fantassins — Autrichiens entrèrent dans Gex. Le lendemain, les quinze cents Français, qui occupaient Genève,
durent évacuer la ville devant les 12,000 Autrichiens, qui
menaçaient de les cerner.

En entrant dans Gex, les premiers envahisseurs se
portèrent à l'Hôtel de Ville. La municipalité une fois ras-
semblée, ils exigèrent des vivres, mais déclarèrent ne
pas vouloir loger chez les particuliers. « Ils établirent
« différents corps de garde, placèrent des vedettes sur
« toutes les routes, et empêchèrent soigneusement que
« personne ne sortît de la ville » (1).

C'était, nous l'avons dit, le plateau de Langres qui
était l'objectif de Schwartzenberg et de ses lieutenants :

---

(1) J. Brossard *Histoire politique et religieuse du pays de Gex*,
p. 497.

aussi les Autrichiens campés à Gex s'empressèrent-ils,
dès le lendemain, de prendre la route de St-Claude. Mais,
le 31 décembre, ils furent remplacés par deux corps de
cavalerie et d'infanterie qui, après avoir séjourné une
nuit, se dirigèrent, l'un sur Morez, l'autre sur St-Claude.
« La ville fut fatiguée de ces nombreux passages, mais
« on n'eut à déplorer aucun excès » (1).

Après les désastres de 1813, Napoléon avait fait porter
tous ses efforts dans les plaines de la Champagne pour
défendre Paris. On pouvait douter que les étrangers,
foulant aux pieds les droits d'un peuple, avec lequel ils
n'étaient point en état de guerre, violeraient la neutralité helvétique et, par un rapide mouvement tournant,
chercheraient à surprendre notre armée en descendant
dans la vallée de la Seine par les plateaux de la Franche-
Comté et de la Bourgogne.

Aussi, dans notre région, n'étions-nous guère prêts à
repousser l'invasion, et, cependant, bien que surpris, les
habitants de l'Ain opposèrent une vive résistance aux
lieutenants de Schwartzenberg. Le courage de nos compatriotes en ces deux lugubres années 1814 et 1815 fut
hautement apprécié par les juges les plus compétents, par
les témoins les plus sûrs. Le vicomte de Garbé que nous
retrouverons tout à l'heure défendant bravement le fort
de Pierre-Châtel contre les envahisseurs, écrit dans une
fort intéressante brochure sur les événements de 1814 :

« A l'approche de l'armée ennemie, l'esprit public se
« manifesta dans toute cette contrée (la Bresse et le
« Bugey) avec une remarquable énergie. Les gardes

---

(1) J. Brossard. *Histoire politique et religieuse du pays de Gex*,
p 497.

« nationales se disposèrent à la résistance, les paysans
« les secondèrent partout... Je pouvais compter sur le
« concours des habitants du pays. Malgré les menées
« des personnes influentes qui désiraient la chute du
» gouvernement de Napoléon, et dont l'activité s'accrois-
« sait de jour en jour à mesure qu'ils la voyaient arri-
« ver, l'immense majorité de la population était prête à
« nous prêter un appui énergique. Si je n'y fis pas plus
« souvent appel, ce fut pour ne pas compromettre inuti-
« lement de braves gens, pendant que les événements se
« décidaient ailleurs contre nous... Dans une guerre
« d'invasion, le gouvernement trouvera toujours dans
« les habitants du Bugey et de tout le département de
« l'Ain, des hommes courageux, patriotes, décidés à
« défendre énergiquement leur pays, et sur le concours
« desquels les opérations militaires pourront utilement
« s'appuyer » (1).

Le 3 janvier 1814, Bubna envoya deux reconnaissances : l'une s'empara de Saint-Claude sans coup férir,
l'autre vint mettre le siège devant le fort de l'Ecluse

L'officier qui le commandait, Lecamus de Coëtenfoë,
se montra indigne du poste d'honneur qu'il occupait et,
après un vain simulacre de défense, après une odieuse
comédie, trahissant son devoir et son drapeau, il livra
sans résistance le fort à l'ennemi.

Aux sommations des Autrichiens, Lecamus de Coëtenfoë se contenta de répondre qu'il ne pouvait rendre
la forteresse à un corps d'armée dépourvu d'artillerie.
Les Autrichiens firent alors avancer deux pièces et un

(1) Vicomte A. Garbé. *Défense du fort de Pierre-Châtel en 1814
et 1815*, p. 28, 29, 30, 31.

obusier, tirèrent quelques coups ; un seul obus tomba
dans l'enceinte du fort. Cela suffit au courage de Lecamus de Coëtenfoë, qui s'empressa d'ouvrir les portes,
d'abaisser le pont-levis et de livrer prisonnière toute
la garnison qu'il commandait.

Maîtres du fort de l'Ecluse, les ennemis poussèrent une
reconnaissance jusqu'à Seyssel et Nantua ; mais, dans cette
dernière ville, ils se heurtèrent à la gendarmerie, la seule
force armée qui l'occupât, et qui, malgré son petit nombre, n'hésita pas à engager un combat avec les troupes
autrichiennes.

Le courage de nos gendarmes ne pouvait arrêter les
masses ennemies. Par Gex, elles envahirent successivement tout le département du Jura et pénétrèrent dans la
Bresse en poussant jusqu'à Bourg et à Chalon-sur-Saône.

Au sud du département restait le fort de Pierre-Châtel,
ancien monastère, devenu prison d'Etat. Son commandant, le vicomte Garbé, n'avait avec lui qu'une garnison
« de quatre-vingts vétérans hollandais, mal armés, la
« plupart infirmes ; il n'existait pour munitions de
« guerre que cent paquets de cartouches ». Il y avait,
en outre, dans le fort quatre cents prisonniers, la plupart Espagnols, qui appelaient de tous leurs vœux les
alliés et « étaient déterminés à tout tenter pour recon-
« quérir leur liberté » (1).

Manquant de munitions, Garbé fit placer sur le rocher
de grosses pierres pour les faire rouler dans la gorge dans
le cas où l'ennemi oserait s'y aventurer.

Le 1er janvier 1814, le commandant de gendarmerie de
Culoz l'avertissait que les Autrichiens se proposaient de

(1) Garbé. *Défense du fort de Pierre-Châtel en 1814 et 1815*, p 35.

l'attaquer le lendemain et que, d'autre part, le fort de
l'Ecluse s'était rendu sans se défendre.

L'alerte fut vive ; mais ce fut inutilement que la garnison du fort de Pierre-Châtel resta sous les armes. Ce
jour-là, en effet, les Autrichiens ne jugèrent pas à propos
d'envahir cette partie du Bugey.

Le commandant Garbé profita de ce répit pour embar-
quer sur le Rhône les prisonniers, renvoyer à Belley une
trentaine de vétérans infirmes ainsi que leurs familles et
recevoir un renfort de cinquante-quatre hommes du 52°
d'infanterie légère et de quatorze canonniers de marine.

Le 4 février, quinze hussards autrichiens s'avancèrent
sur Belley ; mais ils se retirèrent sur Saint-Rambert à
l'approche d'un détachement de vingt-cinq hommes
envoyés contre eux par le commandant de Pierre-Châtel.

Le général Meunier, à la tête de 1,200 hommes, était
chargé de protéger Bourg. Jugeant sans doute ses forces
insuffisantes pour engager la lutte contre les forces autrichiennes qui s'avançaient, il se retira au-delà de cette
ville sur la route de Lyon. Bourg n'avait plus pour la
défendre que sa garde nationale ; mais celle-ci fit héroïquement son devoir. Lorsque le parlementaire se présenta, au nom du général autrichien, pour sommer la
ville de se rendre, on refusa de le recevoir et la bataille
s'engagea près du pont de Jugnon.

Les nôtres étaient soixante environ ; jeunes gens remplis de la foi révolutionnaire, héros imbus de l'amour de
la patrie. Ils avaient quelques fusils laissés à la garde
nationale lorsqu'elle fut désarmée en 1795 ou 1796 et
des fusils de chasse.

Après une vive fusillade, ils se retirèrent, sans avoir
perdu un seul homme, par Challes et la route de Marboz :

ils sentaient que la lutte était impossible devant les forces ennemies.

« Ce combat disproportionné qui, dit un historien « local, fait honneur à la garde nationale de Bourg, ne « pouvait pas être de longue durée ; il se termina par « la prise de la ville qui fut pillée » (1).

Et, ne l'oublions pas, ceux qui pillaient ainsi le chef-lieu de notre département prétendaient être les amis de la France, affirmaient qu'ils ne combattaient que l'empereur et étaient les fidèles alliés du roi de demain, de Louis XVIII, des Bourbons !

Ils se croyaient déjà si bien les maîtres du pays qu'ils plaçaient, au nom du roi, un préfet provisoire à la tête du département. Ce préfet, qui succédait au baron Capelle et était un ancien amant d'Elisa Bonaparte, originaire d'Ambérieu, faisait faire pour eux des réquisitions de vi-

---

(1) Béatrix. *Histoire du pays de Gex*, p. 527 et 528. Parmi les victimes se trouvait le fils ou le neveu du général Bubna. Cela explique peut-être la colère du général autrichien et les excès qu'il permit. En entrant dans Bourg, son premier soin fut de lever sur la ville une contribution de guerre de 60,000 fr.

Néanmoins le renseignement de Béatrix n'est peut-être pas très exact : il résulte, en effet, de documents de l'époque et de récits de témoins oculaires que Bourg ne fut point pillé, grâce aux supplications de Chapuis, curé de la ville. Ce prêtre, vieillard vénérable et digne de respect, était un ancien émigré, qui parlait l'allemand : il se jeta aux pieds de Bubna, le supplia d'épargner la ville et vit sa prière accueillie. Le récit d'un honorable médecin de Bourg, qui a été, dans son enfance, témoin de l'entrée des Autrichiens à Bourg, le Dr D...., vient confirmer ce fait : il raconte qu'un soldat autrichien logé dans sa famille ayant volé des draps, sa mère porta plainte au commandant, et que le soldat fut sévèrement puni. Mâcon par contre, fut certainement pillé : les Autrichiens, n'ayant pu forcer le passage à Saint-Laurent, passèrent la Saône à gué plus au nord et entrèrent ainsi dans cette ville en suivant la rive droite de la rivière.

vres et de fourrages, et, par crainte, beaucoup de maires se soumirent à ces vexations : ce que voyant, dans le Bugey, Garbé, commandant le fort de Pierre-Châtel, envoya des détachements dans les diverses localités pour intimer l'ordre aux maires de ne point céder aux ordres du nouveau préfet, sauf le cas de force majeure, et fit même rendre aux habitants une partie des objets ainsi réquisitionnés et déjà enlevés.

Le pays, du reste, ne paraissait nullement disposé à céder devant les menaces de l'étranger. Un officier autrichien s'étant rendu à Belley avec des voitures escortées de cavaliers et de fantassins pour faire des réquisitions, et ce un jour de foire, les paysans résolus à ne rien donner assaillirent l'officier et sa troupe pour les désarmer « avec tout ce qu'ils trouvèrent sous la main, même avec « des boules de neige ». L'officier se retira ; mais en faisant faire feu sur les paysans, dont plusieurs restèrent sur le carreau (1).

Pendant qu'une de ses divisions s'emparait de Chambéry, Bubna, avec le gros de ses forces, se portait sur Lyon.

Le général Meunier protégea cette ville jusqu'à l'arrivée d'Augereau, qui, ayant reçu des renforts de l'armée d'Espagne, reprit énergiquement l'offensive.

Malheureusement, avant de se résoudre à cette action, le duc de Castiglione oublia pendant de longs jours son devoir et perdit dans une fâcheuse inaction ces temps précieux. A diverses reprises, l'empereur lui donna l'ordre de réunir toutes ses troupes et de marcher sur le Rhin : Augereau refusa de marcher.

_____

(1) Garbé. *Défense du fort de Pierre-Châtel en* 1814 *et* 1815, p. 40 et 41.

Napoléon lui écrivait : « Frappez l'ennemi au cœur.
« L'empereur vous somme d'oublier vos cinquante-six ans
« et de vous souvenir des beaux jours de Castiglione. »

L'appel était éloquent, mais il fut en vain adressé à
celui qui avait complètement oublié dans les salons
impériaux que c'était le général républicain qui avait
conquis au maréchal le titre et le blason de duc. Augereau qui, en Italie, avait combattu avec nos glorieuses
demi-brigades sans chaussures et sans pain et avait avec
elles chassé l'Autrichien des plaines du Pô et des rives de
l'Adige, répondit à l'empereur qu'il ne pouvait marcher,
son armée étant mal équipée. A cela Napoléon de lui
écrire ces lignes, qui prouvaient que les gardes nationales
de la Champagne faisaient aussi bien leur devoir que
celles de la Bresse et du Bugey : « J'ai en ce moment
« une division de quatre mille gardes nationaux en cha-
« peaux ronds et en vestes, sans gibernes, armés de toute
« sorte de fusils, dont je fais le plus grand cas, et je vou-
« drais bien en avoir trente mille. »

Et il n'y avait que vingt-cinq mille Autrichiens éche-
lonnés de Chalon à Genève : Augereau avait oublié que,
en 1796, 38,000 Français, au delà des Alpes, avaient
culbuté 60,000 Autrichiens et qu'il était alors à la tête
des Français !

Ce n'est qu'en février qu'Augereau se décida à agir :
et les premiers événements de la campagne suffirent pour
démontrer que l'empereur avait pleinement raison.

Dès lors, en effet, l'ennemi est obligé de battre en
retraite et de se retirer, après une série de défaites suc-
cessives, sur la frontière suisse.

Le général Dessaix reconquit rapidement la Savoie et
s'établit solidement sur la rive gauche de l'Arve.

Pendant ce temps, le général Meunier, avec les brigades
Bardet et Ponchelon, arrivait, le 17 février, à Meximieux ::
il en délogeait les Autrichiens, qui s'y étaient établis sous
le commandement du général Klopfstein, les poursuivait
jusqu'à Loyes, d'où il les chassait encore jusqu'à Pont-
d'Ain.

Le 19, le général Meunier entrait à Bourg et lançait en
avant les généraux Bardet et Ponchelon, qui entrèrent,
sans trouver aucun ennemi à leurs portes, dans Nantua
et dans Bellegarde.

Les Autrichiens reculaient et fuyaient partout.

C'est à ce moment que l'on réorganisa dans le Bugey,
en vertu d'un récent décret de l'empereur, les gardes
nationales. On réquisitionna le plomb et la poudre pour
en faire des cartouches. Les royalistes cherchèrent bien
à arrêter l'élan patriotique et national; « mais leurs
« efforts furent infructueux au milieu de l'excellente
« population du Bugey » (1).

Il s'agissait maintenant de reprendre le fort de l'Ecluse
que la lâcheté de Lecamus de Coëtenfoë avait livré aux
soldats de Bubna.

Le 1er mars, le général Bardet établit ses batteries
d'artillerie de campagne — les seules qu'il eût en sa
possession — en face du fort sur un petit monticule
entre Longerey et la Savoie, puis, n'étant pas satisfait du
tir de cette position, sur la hauteur du hameau voisin du
Mollard.

La canonnade dura une demi-journée.

Deux cents habitants de Longerey et de Léaz vinrent

_____

(1) Garbé. *Défense du fort de Pierre-Châtel en* 1814 *et* 1815.
p. 45.

joindre leurs efforts à ceux de nos soldats et montèrent
sur le plateau qui domine le fort et sur lequel, depuis, on
a élevé une nouvelle forteresse. De là, ils firent rouler
sur les Autrichiens une grêle de pierres et de rochers.

« Cette manière d'attaquer fit plus d'effet que le canon.
« Les toits et les planchers des bâtiments furent enfoncés
« en plusieurs endroits, et les Autrichiens craignant de
« se voir écrasés, ne firent aucune résistance. Toute la
« garnison fut faite prisonnière » (1).

Dans leur poursuite de l'ennemi, les généraux Bardet
et Marchand se rejoignirent à St-Genis. Meunier avançait
de son côté par le Jura et poussait jusqu'à St-Cergues.

Genève allait être repris; mais Augereau ayant rappelé
la division Meunier pour marcher sur Besançon, Bardet
et Marchand n'étaient plus en forces pour attaquer la
vieille cité de Calvin. Bardet transporta son quartier-géné-
ral à Châtillon-de-Michaille.

Le général autrichien Klebelsberg profita de cette
retraite pour venir attaquer le fort de l'Ecluse avec 3,000
hommes et vingt canons. Le fort n'était défendu que par
une compagnie de conscrits, sous les ordres du capitaine
Bonnet, assistée de deux canonniers pour le service des
pièces. C'était peu comme nombre; mais il n'y avait plus
pour livrer la place un Lecamus de Coëtenfoë et cette
petite troupe tint héroïquement tête à l'artillerie de Klebelsberg établie sur la Croix-Major et tirant à couvert.
L'un des canonniers du fort, Bertrand, démonta deux
pièces ennemies.

L'artillerie autrichienne fût sans doute venue à bout
du courage de nos vaillants soldats, quand tout à coup,

---

(1) Béatrix. *Histoire du pays de Gex*, p. 530.

sur les hauteurs voisines, au milieu de la neige haute de
six pieds, apparurent de nouveaux combattants qui firent
un feu roulant sur les troupes de Klebelsberg. C'étaient
les gardes nationales de Léaz, de Lancrans, de la Michaille,
de Chézery — ces gardes nationales si stupidement dé-
criées et qui, au moment du danger, ont, toujours et
partout, fait noblement leur devoir ! — appuyées d'une
compagnie de soldats venue de Châtillon. A leur tête se
trouvait le capitaine Béatrix, adjoint municipal de Collonges. L'attaque fut si vive que le général Klebelsberg
craignant, avec raison, de voir son artillerie tomber aux
mains des nôtres, donna l'ordre de battre en retraite.
Le fort de l'Ecluse était sauvé.

Mais pendant cette lutte héroïque, Augereau qui s'était
avancé jusqu'à Lons-le-Saunier, a battu en retraite, a
franchi l'Ain : l'ennemi est déjà à Ambérieu-en-Bugey et
il s'apprête à marcher sur Saint-Rambert. Les gardes
nationaux tiendront contre lui ; mais il faut les encadrer
de quelques soldats de ligne. Garbé détacha cinquante
soldats de sa garnison de Pierre-Châtel — l'élite, nous dit-
il — sous le commandement du lieutenant Durbec, avec
ordre d'occuper le poste des Balmettes, près de Torcieu.

Ce poste avait été occupé par les paysans de Saint-
Rambert.

En apprenant l'arrivée des Autrichiens, ces braves citoyens avaient transporté leurs meubles dans les hameaux de la montagne et s'étaient préparés à combattre.

L'alerte avait été donnée par un ancien soldat de l'Empire, Arpin-Gonnet dit *Bécot*, qui habitait Torcieu. Deux
cavaliers autrichiens s'étaient approchés de sa maison,
il les avait mis en fuite, bien qu'il eût pour toute arme
un vieux fusil.

Les gardes nationaux de Saint-Rambert dirigés par le capitaine Juvanon et les lieutenants Grange François, Baron Gustave, Bourdin-Grévy, le sous-lieutenant Brucelin, l'adjudant Bozonnet Benoît, lequel n'était âgé que de dix-sept ans, — avec les paysans de toute la vallée armés de faux, de pelles, de vieux fusils, — vinrent s'embusquer dans la gorge des Balmettes.

Durant la nuit, ils creusèrent dans la gorge large d'environ quatre cents mètres, entre le rocher Fort-Chauchat et le rocher des Balmettes, une large tranchée derrière laquelle ils s'établirent ainsi que dans les bois environnants. Une grotte était creusée dans le rocher à quarante mètres de la gorge, un étroit sentier seul y conduisait : c'est là que les officiers se portèrent pour diriger l'action.

Une seconde tranchée fut ouverte sur la route nationale, au Pont-de-la-Doit entre les villages de Montferrand et de Serrières.

Le ravitaillement de la petite troupe était fait par les femmes de Saint-Rambert et des divers villages de la vallée.

Le 17 mars, les Autrichiens attaquent les Balmettes : soldats et gardes nationaux les repoussent.

A cette nouvelle, Garbé envoie à l'aide de Durbec un nouveau renfort de quelques hommes sous les ordres du capitaine Balthazar. Celui-ci réunit les gardes nationaux de la vallée qu'il rencontra sur son passage et arriva à Torcieu au moment où l'ennemi livrait un nouvel assaut au poste des Balmettes.

Les escarmouches étaient continuelles : les cultivateurs venaient de tous les hameaux voisins et, après avoir fait le coup de feu, rentraient dans leurs demeures.

Ces combats de tirailleurs firent éprouver des pertes sérieuses à l'ennemi.

Cela durait depuis une quinzaine de jours quand un officier supérieur autrichien et quatre soldats eurent l'imprudence de venir en reconnaissance sous le rocher des Balmettes : le nommé Gabrion (Pierre) commandait l'avant-poste ; lui et ses hommes firent feu : l'officier tomba percé de treize balles (1) : pas un de ses hommes ne fut atteint. Ces derniers prirent la fuite, mais l'officier en tombant leur cria de venger sa mort en brûlant St-Rambert.

Cet incident fut le signal d'un engagement général.

Culbuter les Autrichiens fut pour les nôtres l'affaire d'un instant : Durbec et Balthazar, avec leurs soldats et leurs gardes nationaux , poursuivirent l'ennemi l'épée dans les reins jusqu'à Ambérieu.

Les Autrichiens revinrent à l'offensive ; mais ils ne fussent jamais parvenus à déloger nos soldats et nos gardes nationaux sans la trahison d'un nommé Jean Blanc du hameau de Vareilles, qui, pour une somme de 30 francs, guida l'ennemi par un sentier de la montagne, derrière le vieux château de St-Germain et sur le mont Charvey ; là, les Autrichiens se divisèrent en deux colonnes, l'une qui devait descendre sur Torcieu, l'autre sur Montferrand ; les nôtres de cette façon eussent été pris par derrière et écrasés.

Heureusement un cultivateur, le nommé Barbarin (Pierre), de Torcieu, qui travaillait sa vigne, les aperçut et accourut aux Balmettes pour avertir les nôtres, em-

---

(1) La famille Gabrion, à St-Rambert, possède encore le manteau de cet officier.

portant sur son dos son enfant âgé de quatre ans (1) et
laissant dans sa vigne son père qui ne pouvait fuir et
que les soldats ennemis eussent fusillé sans l'intervention d'un de leurs officiers.

Avertis par Pierre Barbarin, les gardes nationaux et les
soldats purent battre en retraite.

L'ennemi se proposait de brûler Torcieu ; deux notables du village allèrent à Bourg implorer la pitié du
comte de Bubna. Ce dernier avait pour aide-de-camp ou
pour officier de son armée un nommé Décrivieux, ancien
émigré, qui était originaire de St-Rambert ; ce renégat
voulut bien pourtant insister pour que sa ville natale et
Torcieu ne fussent pas incendiés (2).

« Dans cette occasion, écrit Garbé, la garde nationale
« commandée par M. Juvanon, montra un courage et
« un sangfroid dignes de militaires expérimentés ; elle
« put, par son intrépidité, préserver du pillage la ville de
« Saint-Rambert. » (3).

Et Garbé, qui était un brave et un patriote, profite de

---

(1) Cet enfant vit encore aujourd'hui et habite St Rambert ; il
raconte que, lorsque son père l'emportait, il criait voulant à tout
prix aller chercher sa galoche qu'il avait perdue dans la précipi-
tation de sa fuite. — Mai 1887.

(2) *Défense du Fort de Pierre-Châtel en* 1814 *et* 1815, p. 47.

(3) Tous ces détails m'ont été donnés par mes amis MM. Bozonnet, conseiller municipal de St-Rambert, et Juvanon, conseiller
d'arrondissement, parents l'un et l'autre des combattants ; ils les
ont recueillis auprès de vieillards octogénaires et nonagénaires qui
se rappellent cette époque néfaste. Il est bon, je crois, de conserver ces pieux souvenirs, patriotiques récits que la génération prochaine ne connaîtra plus, que nul n'écrit et qui méritent d'être
retenus et transmis à nos enfants pour leur apprendre le culte des
aïeux et l'amour de la patrie, leur enseigner que leurs ancêtres
sont morts pour leur conserver l'honneur et la liberté, pour leur
montrer qu'ils doivent vénérer les martyrs !

l'occasion pour rappeler, dans une note de sa très intéressante brochure, les hauts faits de nos compatriotes
en ces jours douloureux, « les actes de courage des
« habitants des autres parties du Bugey, qui, sans guides
« et mal armés, attaquaient constamment les détache-
« ments ennemis et surtout la cavalerie. Ils gardaient
« tous les passages, de sorte que l'ennemi n'osait plus
« se présenter avec de faibles détachements. Si le même
« esprit, s'écrie-t-il, eût régné dans toute la France, il
« est incontestable que l'ennemi aurait eu beaucoup de
« peine à s'y maintenir ».

Et, en rappelant les exploits des paysans au fort de
l'Ecluse, il parle aussi de trente gardes nationaux de
Rossillon qui mirent en déroute un détachement de
hussards autrichiens et lui firent plusieurs prisonniers.

Lyon s'étant rendu, le capitaine Balthazar rentra avec
sa troupe, le 23 mars, à Pierre-Châtel : il n'avait eu
qu'un blessé et perdu un prisonnier. L'ennemi qu'il avait
eu en face de lui avait eu une centaine des siens mis hors
de combat.

Pendant ce temps, sur un autre point du département,
les habitants de Maillat et de la Combe-du-Val tentaient,
le 19 mars, d'arrêter l'arrière-garde autrichienne qui des-
cendait de Saint-Claude. Ces braves furent écrasés par le
nombre, et, pour fêter leur facile victoire, les Autrichiens,
mirent le feu au village de Maillat.

Au sud, sur les bords du Rhône, l'ennemi cherchait
à pénétrer dans l'Isère. Le baron Raverat, sur la rive
gauche, était chargé de s'opposer à ce qu'il franchît le
pont du Sault.

Raverat établit son quartier général au château de
Vertrieu et, après avoir enlevé l'arche centrale du pont,

il plaça à ce poste de confiance le capitaine Busque et sa
compagnie. Il franchit lui-même le fleuve et enleva, sur
la rive droite, tous les bateaux dont l'ennemi eût pu se
servir pour passer sur l'autre rive.

Le lendemain même, l'ennemi parut et commença
l'attaque ; mais après une vive canonnade, il dut renoncer
devant les soldats de Raverat et les flots du Rhône à
pénétrer par cette voie dans le Dauphiné (1).

Nous nous étions défendus héroïquement : les combats
engagés par les gendarmes de Nantua, les gardes nationales de Bourg et de la Michaille avaient sauvé l'honneur,
en prouvant que, dans les masses populaires, malgré le
profond épuisement de l'empire, la foi patriotique était
restée aussi vive et que paysans, ouvriers de 1814 étaient
les dignes héritiers de leurs aînés de 1792 ; mais la lutte
était trop disproportionnée pour sauver la patrie contre
les 700,000 alliés qui envahissaient le territoire et contre
la lâcheté des classes riches qui, dans les villes, trahissaient la cause nationale en appelant les Bourbons.

_____

(1) Raverat. *Les Vallées du Bugey*. T. I, p. 84 et 85. (Lyon, 1867.)

CHAPITRE III

LA DÉFENSE DU FORT DE PIERRE-CHATEL EN 1814.

Ce chapitre, nous voulons le consacrer tout entier à un glorieux épisode de la défense nationale lors de cette première invasion de 1814. C'est le héros lui-même, le capitaine Garbé, qui l'a raconté dans un livre écrit avec la simplicité d'un soldat et la foi d'un patriote (1).

Nous ne saurions mieux faire que de suivre pas à pas son récit et de n'en donner ici en réalité que l'analyse. Pour les vrais héros, ce qu'il y a de plus sage c'est de laisser raconter à ceux qui ont fait leur devoir comment ils l'ont fait.

Le fort de Pierre-Châtel, en mars 1814, se trouvait complètement isolé et abandonné : les troupes françaises s'étaient retirées de toutes les autres positions à vingt lieues à la ronde : Garbé et ses soldats, une poignée d'hommes, se trouvaient jetés au milieu des masses ennemies comme une sentinelle perdue qu'on a oublié de relever au milieu du désastre.

Rivet, le préfet de l'Ain qui, depuis la prise de Bourg, s'était retiré à Lyon, fit assurer, sur la demande de Garbé, le service des vivres de la garnison par la ville de Belley et autorisa le commandant à toucher 2,200 francs — les seuls fonds qu'il ait reçus pendant près de quatre mois — qui furent employés, 1,600 francs pour la solde de la

---

(1) *Défense du fort de Pierre Châtel en* 1814 *et* 1815 Paris, Ledoyen, éditeur, 1844.

troupe, 300 francs pour la construction de travaux de
défense, le reste pour payer les émissaires envoyés dans
la région.

Malgré les hésitations du Sous-Préfet de Belley « homme
« consciencieux mais timide », Garbé parvint à approvi-
sionner le fort surtout en prenant pour sa garnison les
vivres — vins et légumes secs — qui primitivement
avaient été destinés aux prisonniers depuis, ainsi qu'il
est dit plus haut, renvoyés dans d'autres forteresses.

Le 25 mars, une cinquantaine de dragons autrichiens
firent une reconnaissance sous le fort : quelques coups
de canon les firent reculer.

Le 26, Garbé fit faire une reconnaissance dans la direction de Belley, mais l'ennemi n'y avait point encore
apparu.

Néanmoins, le général Bubna était résolu à attaquer le
fort de Pierre-Châtel, « moins encore, dit Garbé, sur les
« propres aveux du général autrichien qu'il avait en face
« de lui, pour son importance que pour l'appui qu'il
« aurait pu donner à une insurrection des populations voi-
« sines, dont le corps d'invasion aurait tout à redouter ».

La manœuvre paraissait si importante à Bubna qu'il
lança contre le fort de Pierre-Châtel un corps d'armée de
7,000 hommes, qui vint faire le siège régulier de la place.

Ce corps d'armée placé sous les ordres du comte de
Linange occupa Belley les 27 et 28 mars. Le premier soin
du général autrichien, en occupant la ville, fut de décla-
rer que quiconque ne rendrait point ses armes serait puni
de mort.

Le 28, le comte de Linange fit une reconnaissance du
côté de Pierre-Châtel, envoya des éclaireurs sur Brens et
Virignin et plaça un poste en avant du pont des Ecassaz.

L'attaque du fort était résolue.

La garnison se composait en ce moment, y compris le commandant Garbé, de 158 hommes : Garbé, son capitaine adjudant secrétaire, 14 canonniers du 2e régiment d'artillerie de marine, 50 soldats du 32e régiment d'infanterie légère, 51 soldats du 11e bataillon de vétérans, et enfin 40 déserteurs de divers régiments que les gardes nationaux avaient, quelque temps auparavant, conduits au fort. — Ces déserteurs étaient arrivés sans armes, mais malades : ils étaient rongés de gale et avaient communiqué leur mal aux autres soldats : néanmoins ils étaient guéris presque tous au moment de l'investissement. Garbé les fit armer de piques fabriquées par un soldat de la garnison qui était serrurier de son état.

Malgré tout le zèle déployé par le commandant, le fort était très mal approvisionné : il y avait de la viande fraîche tout au plus pour douze jours et point du tout de viande salée.

Garbé déclare qu'il était sans instruction de ses chefs et que « habitué au service des camps, il savait à peine les « détails de celui des places ». Il fallut suppléer à tout.

Le sergent-major de l'artillerie de marine dirigea le service du génie et de l'artillerie ; le barbier des vétérans, « qui avait quelques connaissances en chirurgie », fut investi des fonctions de médecin : « il se servit « d'une petite pharmacie envoyée de Paris pour les pri- « sonniers ; il forma un hôpital et fit lui-même des ins- « truments pour servir en cas d'amputation ».

Sur la partie la plus élevée du fort, du côté de Virignin, vers un des côtés les plus accessibles à l'ennemi, Garbé fit placer de grosses pierres destinées à être roulées sur les Autrichiens en cas d'assaut.

3

Le 29, une colonne autrichienne ayant débouché du pont des Ecassaz et se trouvant à la hauteur du hameau des Champagnes, Garbé fit embusquer le lieutenant Pestalozzi et vingt-cinq hommes dans un petit bois au-dessus de Virignin avec ordre de ne tirer que lorsque l'ennemi serait proche. L'ordre fut exécuté et les Autrichiens surpris se débandèrent et prirent la fuite dès la première décharge ; ils se retirèrent dans Virignin, d'où, pendant deux heures, ils engagèrent une vive fusillade avec nos soldats.

L'ennemi occupait Virignin, Chamilieu, La Balme, Yenne. Il occupait aussi la montagne des Bancs, qui domine le fort, et, à cette époque, comme il n'y avait point à Pierre-Châtel de fortifications régulières, rien ne pouvait mettre à l'abri des coups tirés de cette redoutable position. Le seul endroit d'où l'on pût riposter au feu de la montagne, était le grenier de la caserne ; des tirailleurs s'y placèrent, ôtèrent des tuiles et « formèrent des « espèces de créneaux d'où ils forcèrent l'ennemi à se « retirer », le 30, après une fusillade si bien nourrie de la part des assaillants que l'on ne pouvait plus circuler dans le fort. Au milieu de cette bagarre, le sergent-major Guizol, monté sur le toit de la caserne, tua l'officier du génie autrichien qui était venu à la pointe de la montagne pour tracer le plan d'attaque. « Ce brave « sous-officier, nous dit Garbé, ajustait si bien que pres- « que tous les coups qu'il tirait portaient ; aussi l'ennemi « était-il presque toujours caché dans les bois de la « montagne ».

Le soir du 30, Garbé fit rétrograder une colonne autrichienne, qui cherchait à passer d'Yenne à La Balme.

Les 1er et 2 avril, la fusillade ne cessa point entre les

Autrichiens et les soldats du fort qui restaient sous les armes de trois heures du matin à huit heures du soir. Ces derniers firent même quelques reconnaissances hors de la forteresse.

Cependant l'ennemi fortifiait la montagne des Bancs et pour y faire monter ses canons, mettait à réquisition, pendant huit jours deux cents paysans.

Le 3 au matin, un capitaine autrichien vint en parlementaire au fort pour sommer le commandant de se rendre. Garbé lui répondit qu'il pouvait dire à son chef le baron de Neugebauer qu'il était inutile de lui envoyer de pareils messages, « qu'il était décidé à se défendre « jusqu'à la dernière extrémité, c'est-à-dire jusqu'à ce « qu'il manquât de vivres ou qu'il se trouvât dans l'im- « possibilité de soutenir un assaut ».

Ce parlementaire était de Namur ; il avait été capitaine dans le 112e régiment français et avait déserté — et Garbé ajoute tristement : « Au reste, dans ce régiment « autrichien, il y avait beaucoup de Français. »

Le 4, l'ennemi commença le bombardement du fort ; il tira environ quatre cents coups de canon et envoya plus de deux cents obus de quatre à neuf heures du ma-tin. Ses obus détruisirent la caserne et y mirent le feu ainsi qu'à l'écurie ; « il s'y trouvait heureusement une « pompe dont la manœuvre fut faite avec un sang-froid « admirable, sous le feu de l'ennemi, par les hommes « non armés ».

Les nôtres n'avaient, pour riposter aux batteries autrichiennes, qu'une seule pièce de canon, et, « à chaque « coup qu'elle tirait, on était obligé de la mettre hors de « batterie, parce que l'ennemi, dirigeant continuellement « son feu sur elle, l'eût infailliblement démontée. Je

« fus obligé, ajoute Garbé, d'employer les paillasses et les
« draps de lit pour faire des sacs à terre pour cette batte-
« rie, qu'il fallait reconstruire toutes les nuits, car, dans
« le jour, le feu de l'ennemi la détruisait entièrement ».

Durant la nuit du 4 au 5, le 6, le 7 et le 8, les Autrichiens qui, du reste, avaient fait venir de nouvelles
pièces de Genève et construit de nouvelles batteries, con-
tinuèrent à bombarder le fort, faisant pleuvoir sur les
nôtres une grêle de boulets.

Le 9, ils redoublèrent même leur feu et, de six heures
du matin à midi, tirèrent trois cents coups de canon et
envoyèrent deux cents obus. L'unique pièce du fort, sans
cesse mise hors de batterie et déplacée, leur répondit par
douze coups de canon.

A midi, un nouveau parlementaire autrichien se présenta à la porte du fort pour lui offrir de la part du baron
de Neugebauer de faire soigner à Belley un des officiers
français qu'il savait être blessé. Aucun officier n'était
blessé ; Garbé se contenta donc de remercier de ses
offres le colonel autrichien. La prétendue blessure de
l'officier nous paraît être un simple prétexte choisi par
le commandant autrichien pour ouvrir de nouvelles né-
gociations en vue de la reddition du fort ; cela paraît
d'autant plus probable que, le matin, comme lors de
l'envoi du premier parlementaire, les batteries ennemies
avaient redoublé leur feu.

Le 10, jour de Pâques, une sorte d'armistice tacite fut
conclue entre les deux parties.

Le 11, le bombardement recommença et dura toute
la journée.

Le 12, le baron de Neugebauer envoya à Garbé un troisième parlementaire.

Ce dernier était porteur du numéro du *Moniteur* qui annonçait la prise de Paris, la déchéance de l'empereur et l'avènement du gouvernement provisoire.

Le parlementaire remit en outre à Garbé une lettre du colonel de Neugebauer, dans laquelle le commandant autrichien lui faisait remarquer que désormais toute lutte était impossible et qui se terminait par ces lignes, hommage rendu à la vaillance du soldat français et injure aussi sanglante qu'inconsciente pour les hommes du Sénat et du Corps législatif : « Permettez-moi de « vous observer que la bonne intelligence qui règne « entre les hautes puissances alliées et le gouvernement « provisoire français ne laissera pas longtemps dans le « malheur un brave qui a si bien fait son devoir. »

Garbé lui répondit que, « la grande question étant « décidée, les alliés étant vainqueurs, tout effort ne « pouvant influer en rien sur l'état des choses », il lui proposait un armistice, mais qu'il refusait de lui remettre le fort : « Je conserve, ajoutait-il fièrement, envers « le gouvernement français, quel qu'il soit, une respon-« sabilité dont votre bombardement ne m'a pas dé-« gagé. »

Le 13, une députation de la ville de Belley, composée de fonctionnaires publics et d'ecclésiastiques, se rendit au fort avec un parlementaire autrichien pour prier Garbé de le rendre. « Je leur répondis, raconte notre « héros, que sans doute ils n'avaient pas réfléchi à la « démarche inconvenante qu'ils faisaient auprès de « moi ; que, plus qu'eux, je gémissais des charges qui « écrasaient ce pays, mais que je ne pouvais en hâter le « terme aux dépens de mon honneur. »

Le même jour, le baron de Neugebauer lui écrivit que

le général Bubna l'autorisait à traiter sous les conditions
suivantes : la garnison remettrait les armes; elle pourrait aller rejoindre le corps du général Marchand; le
fort ne serait occupé par aucune troupe et resterait sans
garnison.

Garbé repoussa ces propositions.

Cependant l'aristocratie, le clergé, les fonctionnaires
de Belley pactisaient avec les alliés, les saluaient comme
des libérateurs; le 16 même, ils leur donnaient une
fête, à laquelle on invitait Garbé. « La fête fut célé-
« brée par une messe en musique, un banquet et un
« bal. »

La France était démembrée et ruinée, la patrie en
deuil, les gardes nationaux s'étaient héroïquement défendus; mais le clergé remerciait Dieu d'avoir donné
la victoire à nos ennemis, la noblesse et la bourgeoisie,
devant les tombes de nos soldats, dansaient de joie en
saluant leurs bourreaux !

Cependant la garnison du fort commençait à souffrir.
Dès les premiers jours du siège, la ration de pain avait été
réduite à vingt-deux onces; les soldats n'avaient de la
viande que deux jours par semaine et devaient, le reste
du temps, se contenter de haricots assaisonnés avec de la
graisse ou de l'huile. La plupart de ces soldats étaient
Hollandais, Piémontais, Toscans et Romains et cependant,
bien qu'ils sussent que leur pays ne faisait plus partie
du territoire français, sans murmure, sans plainte, ils
avaient fait héroïquement leur devoir pour le drapeau
tricolore.

Le 20, Garbé reçut une nouvelle lettre du baron de
Neugebauer, dans laquelle celui-ci lui mandait que le
comte de Bubna consentait à laisser la garnison sortir

avec armes, bagages et munitions et à ce que le fort ne
soit pas, après son départ, occupé par les alliés.

Pierre-Châtel, fait remarquer Garbé, n'avait à ce
moment ni fortification régulière, ni moyens de défense:
« il n'abandonnait qu'un rocher dont l'occupation cessait
« d'offrir aucune utilité ».

Le colonel Neugebauer se rendit à Pierre-Châtel et
accepta les conditions que lui proposa Garbé.

L'article 1er de la convention stipulait que le fort serait
évacué dans les trois jours; l'article 2 que « la garnison
« sortirait avec tous les honneurs de la guerre, armes,
« canons, munitions, bagages, etc..... et se rendrait
« au premier poste des troupes françaises »; l'article 3
que « le fort ne pourrait être occupé par aucune troupe
« que d'après un ordre du gouvernement provisoire
« français ».

Telles étaient les conditions qu'imposait le chef de
cent cinquante braves à un ennemi qui avait 7,000 hommes sous ses ordres, alors que lui-même n'avait plus ni
vivres, ni munitions et qu'il occupait un rocher absolument isolé sans espoir d'être jamais secouru !

Le 23, Garbé et sa troupe quittèrent avec drapeau,
armes et bagages le fort qu'ils avaient héroïquement
défendu et prirent la route de Grenoble, où était le plus
prochain poste français.

Au Pont-de-Beauvoisin, à Voiron, partout, sur le passage
de l'héroïque petite troupe, éclataient la patriotique douleur des habitants pour le pays vaincu et l'enthousiasme
pour ses vaillants défenseurs.

Le 25, Garbé arriva à Grenoble: il remit ses trois
canons et ses munitions au directeur d'artillerie. Il dut
alors se séparer de ses braves compagnons.

Le 26, le baron de Neugebauer le présenta au comte de Bubna. Dans les salons de ce dernier se pressaient les magistrats, le préfet, tous les fonctionnaires jaloux de faire la cour aux alliés des nouveaux maîtres, les Bourbons. « C'est donc vous, dit le général autrichien en « s'adressant au brave capitaine, qui avez défendu témé- « rairement votre Pierre-Châtel et qui avez préféré une « résistance inutile à une reddition honorable ? — « Général, répondit Garbé, si je m'étais rendu, vous « m'auriez traité d'une pire manière, car vous m'auriez « appelé lâche ». Et alors, devant tous ces traîtres courbés devant les vainqueurs, Bubna, laissant entrevoir le mépris qu'il avait pour eux tous, serra la main à Garbé et lui dit: « Soyez tranquille, si tous les Français « s'étaient conduits comme vous, peut-être ne serions- « nous plus en France ».

Tout commentaire effacerait un pareil jugement sur l'héroïque défense de Pierre-Châtel.

CHAPITRE IV

LA CAMPAGNE DE FRANCE. — LA TRAHISON. — CARNOT.
— PRISE DE PARIS. — DÉCHÉANCE DE NAPOLÉON. —
RETOUR DES BOURBONS. — CONVENTION DU 23 AVRIL
1814. — GEX PROTESTE DE SON ATTACHEMENT A LA
FRANCE.

Napoléon, pour sauver son trône et la patrie, faisait
entre les Vosges et la Seine, cette merveilleuse campagne
de France qui n'a de comparable que sa première campagne d'Italie. Plus belle peut-être, car il ne combattait
plus en champ ennemi, il luttait pied à pied sur le sol
national ; en Italie, ses soldats n'avaient ni souliers, ni
sabots souvent, mais ils avaient l'ardeur que donnaient
déjà dix victoires et l'enthousiasme de 1789 ; en France,
ses conscrits de dix-sept ans ont des chaussures, mais
ils savent d'avance que la bataille est perdue ; ils sont
écrasés par le nombre.

Abandonné par le Corps législatif qui, muet pendant
tout son règne, profitait des désastres de la patrie pour
réclamer contre le despotisme, Napoléon l'avait prorogé
en s'écriant : « Est-ce le moment de parler des abus
« quand deux cent mille Cosaques franchissent nos
« frontières ? Il ne s'agit pas de liberté et de sûreté indi-
« viduelle, il s'agit de l'indépendance nationale. » Et,
ne comptant que sur lui-même, il prenait la tête de ses
soixante mille conscrits pour les opposer aux vieilles
troupes, aux cinq cent mille soldats des alliés.

Son génie militaire fait des efforts surhumains et, en
un mois, il livre successivement aux trois armées du

Nord, de Silésie et de Bohême quatorze batailles et remporte douze victoires. Saint-Dizier, Brienne, Champaubert, Montmirail, Vauchamps avaient revu le jeune vainqueur des plaines du Piémont et de la Lombardie.

Mais tous trahissaient l'empereur et, en même temps, la France. Murat livrait l'Italie aux Autrichiens, en croyant sauver sa couronne ; la ville de Bordeaux acclamait Louis XVIII ; et Talleyrand écrivait aux souverains alliés : « Vous pouvez tout et vous n'osez rien ; osez « donc encore une fois ».

Ils osèrent, suivant les conseils de l'ancien évêque d'Autun, et, après la bataille sanglante et indécise d'Arcissur-Aube, ils se présentèrent sous les murs de Paris.

Les maréchaux Marmont et Mortier ne surent pas défendre la capitale et, malgré l'héroïsme des ouvriers et de la jeunesse des écoles, grâce aussi à la trahison ou du moins à l'incurie du ministre de la guerre Clarke, Paris tomba aux mains des alliés.

Pendant ce temps, Augereau, qui était chargé de défendre notre région, après avoir abandonné le Jura et le Mâconnais, livra sur les hauteurs de Limonest, aux portes de Lyon, une bataille, où il fut malheureusement vaincu. Il abandonna Lyon. Augereau trahissait aussi : depuis trois semaines, il était entré en relations avec les alliés ; sous prétexte de s'opposer à la jonction des Anglais et des Autrichiens, il éparpillait ses troupes dans toute la vallée du Rhône, livrant Lyon et par là même le sud-est tout entier à l'ennemi.

La trahison était partout ; c'était elle qui livrait aux étrangers Paris, Lyon, Bordeaux ; les souverains alliés eux-mêmes étaient stupéfaits de leur victoire.

Un homme cependant, à la dernière heure, à l'heure

du péril, alors que tous, ducs, princes et courtisans, trahissaient l'empereur, un homme proscrit durant tout le règne, venait offrir son génie pour défendre la patrie, qu'il avait sauvée autrefois, qu'il avait jadis rendue invincible ; cet homme était un républicain irréconciliable, Carnot. Napoléon accepta l'offre de « ce bras sexagé- » naire », non comme secours, mais comme exemple et il lui confia la défense d'Anvers.

Ainsi, lorsque tous les renégats de la cause républicaine, tous ceux qui avaient adulé l'empire, tous ceux que César avait comblés de ses faveurs et de ses richesses, ceux qu'il avait faits rois comme Bernadotte et Murat, ceux qu'il avait faits princes comme Talleyrand, ceux qu'il avait faits ministres comme Clarke, ducs et maréchaux comme Augereau, ceux auxquels il avait confié les sièges du Sénat et du Corps législatif, alors que tous ses favoris le trahissaient pour conserver leurs richesses et leurs honneurs sous le régime monarchique de demain, ceux qui venaient le défendre étaient ceux qu'il avait persécutés, ces jacobins proscrits comme Carnot, ces masses populaires, héritières de la Montagne, filles de la Révolution, ouvriers de Paris, gardes nationales de l'Ain et de la Champagne, c'était ceux qui avaient souffert de son règne qui combattaient à ses côtés pour la France. C'est que rois, ducs et ministres avaient perdu, dans leur basse adulation du pouvoir, tout sentiment de patrie et que le patriotisme était resté inébranlable dans l'âme de ceux qui avaient conservé intact le culte de la liberté et de la dignité humaine ! Ceux-là ne songeaient qu'à leurs biens ; ceux-ci ne pensaient qu'à la France.

Le 1er avril, le Sénat était convoqué par Talleyrand,

et, sur son inspiration, le 3, il prononçait la déchéance
de Napoléon pour appeler au trône Louis XVIII, le can-
didat des alliés, auquel il avait la prétention d'imposer
une Constitution.

Désormais, après quelques hésitations toutefois, Napoléon refusa de lutter plus longtemps et, après avoir fait
les adieux à sa garde dans la cour de Fontainebleau, il
partit pour l'île d'Elbe.

Depuis vingt ans, nos aïeux étaient tellement habitués
à l'idée des victoires et des conquêtes que l'invasion de
1814 les surprit comme un brusque réveil au milieu d'un
rêve ; tous auraient pu dire ce que notre Edgar Quinet
écrivait à ce sujet : « Je me souviens que moitié insou-
« ciance d'enfant, moitié attente, je m'acheminai sur la
« grande route. Il pleuvait. Je vis des cavaliers en man-
« teaux blancs qui s'approchaient et formaient une lon-
« gue file jusqu'à l'extrémité de l'horizon ; c'était l'in-
« vasion qui s'étendait silencieusement sur notre bour-
« gade ! La France était aux mains de l'ennemi que nous
« n'en savions rien encore ! (1) »

---

(1) *Histoire de la Campagne de* 1815. p. 25. Edit. Germer-Bail-
lière. Paris.

Cette bourgade était Charolles où habitait alors notre illustre
compatriote.

A Bâgé-le-Châtel, à ce que me raconte un témoin oculaire,
mon aïeule vénérée, les habitants furent très surpris, un
dimanche matin (probablement le dimanche des Rameaux,
3 avril), de voir les Autrichiens ayant établi leurs bivouacs
dans la principale rue de la petite ville. Cette cité, comme
tout le reste du pays, était profondément attachée à la cause
de la Révolution : seule, une vieille femme, surnommée *La
Thérèse*, loueuse de chaises de l'église, se réjouissait de l'arrivée
des Autrichiens : « Ce sont de braves gens, disait-elle, qui nous
« ramènent les Bourbons ». Devant cet enthousiasme pour les
alliés, la municipalité de Bâgé-le-Châtel ne trouva rien de mieux

« Au commencement de 1814, ajoute Quinet, les Fran-
« çais s'étonnaient encore d'avoir été vaincus » (1).

Il fallut bien, en effet, l'ahurissement de la nation, la dé-
sorganisation générale, pour que le Sénat impérial, traître
à Napoléon, pût faire remonter sur le trône la famille
contre laquelle le peuple avait fait la Révolution de 1789,
et qui était ramenée sur le sol national par les rois contre
lesquels la France luttait depuis un quart de siècle.

En quittant Londres, Louis XVIII, du reste avait pris
soin de le reconnaître lui-même quand il dit au prince
régent d'Angleterre : « C'est aux conseils du prince, à ce
« glorieux pays, et à la confiance de ses habitants que

_____

que d'envoyer loger chez cette femme plusieurs hussards autrichiens. Le soir même, la pauvre royaliste pouvait s'apercevoir
que ces soldats n'étaient pas les « bonnes gens » qu'elle croyait,
car ils la rouaient de coups de plat de sabre : ils lui auraient
même fait un mauvais parti sans l'intervention d'un officier
supérieur. Les mauvais traitements des envahisseurs envers
cette vieille femme furent, du reste, une exception à Bâgé-
le-Châtel.

Il n'en fut pas de même partout : ainsi à Ambérieu en-Bugey,
il est resté dans le souvenir des populations un lugubre souvenir
des envahisseurs, qu'on appelle encore les *Cosaques*. Ceux ci
campèrent longtemps au hameau de Tiret sur la route d'Ambérieu
à Ambronay, en un lieu appelé depuis le *Bivouac* Les vieillards
racontent qu'ils volaient impitoyablement le vin dans les caves et
les bijoux dans les armoires. Les femmes devaient se cacher pour
se soustraire à leur bestialité. Un jour, raconte-t-on, ils eurent
la prétention de se faire livrer les filles du village par voie de
réquisition ! Sur le refus du maire, ils le frappèrent à coups de
cravache Ces excès s'expliquent peut-être, par la colère suscitée
par la longue résistance de nos braves Bugistes aux Balmettes

Ces derniers renseignements m'ont été donnés par mon ami
M. Pellaudin, conseiller municipal d'Ambérieu, qui a bien
voulu interroger tous les vieillards témoins de cette douloureuse
époque.

(1) *Histoire de la Campagne de* 1815, p. 41.

« j'attribuerai toujours, après la divine Providence, le
« rétablissement de ma maison sur le trône de mes an-
« cêtres. »

Louis XVIII le proclamait clairement : il n'était plus
seulement roi de France par la volonté de Dieu, mais encore par le bon plaisir des Anglais.

Le nouveau gouvernement devait trop aux alliés pour
leur refuser toutes les dépouilles de la France qu'il leur
plairait de demander.

Aussi, le 25 avril, Talleyrand — l'homme le plus digne
de cette triste besogne — signa-t-il, en son nom, une
convention déplorable qui réduisait la patrie à ses frontières du 1er janvier 1792, et livrait aux ennemis cin-
quante-huit places fortes, 12,000 canons, trente vais-
seaux, douze frégates — et tout cela, « sans rien préjuger
» des dispositions de la paix ! »

Les deux millions de soldats français morts depuis
vingt ans sur les champs de bataille seraient donc tom-
bés en vain, si, en répandant leur sang sur tous les
grands chemins de l'Europe, ils n'avaient laissé la semence
féconde qui devait partout faire germer les principes de
la Révolution ! Et cette propagande-là, la plume de
Talleyrand ne pouvait l'effacer de l'esprit des peuples !

Quand il s'agit entre les alliés et leur protégé, le roi
de France, de fixer définitivement les nouvelles frontières,
on résolut de relever l'ancienne république de Genève et
de la réunir à la confédération helvétique; mais, le territoire de Genève paraissant aux alliés trop exigu, il fut
question d'adjoindre à la république quelques communes
de la Savoie et le pays de Gex tout entier.

A Gex, quelques-uns, oubliant toute idée de patrie, vi-
rent ce projet avec faveur; mais la masse de la popula-

tion protesta énergiquement, réclamant pour elle la nationalité française, qu'elle avait depuis Henri IV.

Varicourt, curé de Gex, se mit à la tête des protestataires. Il rédigea deux adresses : l'une au roi, qu'il fit signer par les maires et les principaux habitants du pays ; l'autre à la duchesse d'Angoulême qu'il fit signer par les ecclésiastiques.

Bien entendu, dans ces deux adresses, le curé de Gex laisse surtout entrevoir sa foi de royaliste et de catholique ; mais, après tout, c'est une énergique manifestation en faveur de la patrie.

Au roi, il rappelle que c'est son aïeul Henri IV qui a réuni Gex à la France : « On parle de nous réunir avec « la Suisse ou avec Genève ; sire, aurions-nous eu le « malheur de démériter de notre roi ! Nos cœurs nous « disent que non, et cependant cette séparation de la « France serait pour nous le plus grand des châtiments. »

A la duchesse d'Angoulême, c'est de saint Louis et de religion qu'il parle : « Si nous sommes démembrés de la » France, ce sera pour nous réunir à Genève..... avec « Genève qui s'appelle elle-même la Rome des protes- « tants. Nous le disons à regret, cette mesure ferait en « très peu de temps disparaitre la religion de notre mal- « heureux canton... Bientôt nous verrions se relever à côté « de nos églises ces mêmes temples que Louis XIV avait « fait disparaître. Non, ce ne sera pas sous Louis XVIII « que la religion aura à s'affliger d'un pareil malheur ! »

Demander à rester Français au nom de la révocation de l'édit de Nantes, c'est-à-dire de l'acte le plus anti-patriotique, du plus grand crime de lèse-patrie qu'aient jamais commis les rois, peut paraître étrange ; mais il ne faut pas oublier quelle était la destinataire de la lettre et qu'un pareil argument, quelque sot fût-il, pouvait la toucher au cœur.

Du reste, Varicourt ajoutait très noblement : « On fait « craindre aux Gessiens de n'être plus Français... de ne « plus être Français ! Ils le seront toujours, et jamais ils « ne feront à un autre gouvernement un serment qu'ils « ne sauraient tenir. »

Le 17 juillet 1814, les maires de l'arrondissement, les fonctionnaires, les notables se réunirent à Gex et nommèrent six délégués, Rouph (1), procureur du roi, le curé Varicourt, le comte de Divonne, Borsat d'Hauterive, Girod et Mégard-Grizard pour porter leur réclamation au roi, à la duchesse d'Angoulème et au comte d'Artois. Ils protestaient de leur ferme volonté « de rester invariable- » ment unis à la France ».

Cette protestation fut, pour l'heure, rendue inutile par le retour de Napoléon, qui remit toutes choses en question.

( ) Celui-ci devait avoir pleine autorité pour parler à la duchesse d'Angoulème, car son père s'était fait tuer en 1792 pour la reine Marie-Antoinette, en défendant la porte de sa chambre.

CHAPITRE V

LA PREMIÈRE RESTAURATION. — LES AUTRICHIENS A
BOURG. — LE DÉPART DES ALLIÉS. — LE RETOUR DE
L'ILE D'ELBE.

En mars 1814, dès qu'ils furent rentrés dans Bourg,
après la retraite d'Augereau, les Autrichiens constituè-
rent une commission municipale qui, entièrement dé-
vouée à la cause royaliste et anti-française, quelques
jours après, à la nouvelle de la déchéance de Napoléon,
le 12 avril, arbora le drapeau blanc, annonça « solennel-
« lement les heureux changements survenus dans le gou-
« vernement », et, le soir, illumina.

Il fallait bien fêter la défaite de la patrie !

Les alliés, les hussards autrichiens, mais ce sont les
plus fidèles amis de la population bressane, ceux qui
« lui permettent enfin d'exhaler les affections de son
« cœur » pour le roi et la famille royale !

Oubliant qu'elle n'avait pris le pouvoir que sous la
menace de mort si elle se dérobait à ses fonctions, la
Commission municipale déclara donner « une adhésion
« spontanée aux actes du gouvernement ».

Le 17 avril, les nouveaux fonctionnaires de Bourg
offrent un banquet de quatre-vingts couverts aux officiers autrichiens et le préfet a le cynisme de porter la
santé des souverains alliés.

Le 19, ce même fonctionnaire prête les salons de la
préfecture au général autrichien qui donne un bal aux
dames de la ville. Le 27, on chante un *Te Deum* à Notre-

Dame pour remercier le Ciel d'avoir donné la victoire aux
ennemis de la France et, dans une procession solennelle,
on promène dans les rues de Bourg l'image de la Vierge,
derrière laquelle, dans une touchante union, marchent
le préfet et le général autrichien. Et, à quelques mètres
de là, les tombes des gardes-nationaux morts au pont de
Jugnon, pour la patrie, étaient encore fraîchement re-
muées ! Et vous, pauvres héros des Balmettes, de Maillat,
de l'Ecluse, vos mânes durent tressaillir d'indignation à
un tel spectacle ! Il est vrai, le drapeau tricolore, le drapeau de Jemmapes et de Valmy, était votre linceul et
maintenant, partout, flottait le triste drapeau des émigrés,
le drapeau de l'étranger, le drapeau blanc aux fleurs de
lys ?

Le 1er mai, les Autrichiens évacuèrent le département :
ils y étaient entrés en ennemis et en conquérants ; ils en
sortaient couverts de fleurs par les fonctionnaires, la
bourgeoisie et le clergé ; ils ne devaient plus se souvenir
des coups de fusil essuyés à Meximieux et à Virignin.

Le 16 août 1814, pour les récompenser de leur dévouement à la monarchie, le gouvernement décora en
bloc le maire, les adjoints et tous les conseillers municipaux de Bourg. Aussi l'enthousiasme officiel fut-il à son
comble quand, les 22 et 23 octobre, le comte d'Artois, le
futur Charles X, fit son entrée solennelle dans notre chef-
lieu (1).

Le comte d'Artois put croire, dans l'enivrement des
ovations, que la France tout entière, en dehors des quel-

---

(1) Voir sur ce sujet dans les *Annales de la Société d'Emulation de
l'Ain* (années 1883 et 1884), un très intéressant article de M. E.
Tiersot intitulé : *La Restauration et les cours prévôtales dans le
département de l'Ain.*

ques récalcitrants, acclamait de cœur la monarchie des Bourbons. Mais le monde officiel, la bourgeoisie, le clergé, n'étaient pas la France et la France restait fidèle à la cocarde tricolore, la France restait révolutionnaire.

« Bientôt, écrit Edgar Quinet, la maison de Bourbon,
« qui avait le plus profité des désastres, en parut la pre-
« mière complice. Dès lors, cette dynastie put voir com-
« bien c'est un don funeste et difficile à garder que celui
« d'un trône reçu de la main de l'étranger. En peu de
« mois, la nation avait fait cette découverte que son
« principal ennemi, c'était son gouvernement » (1).

L'armée avait pris la cocarde blanche, mais c'était avec un profond regret qu'elle avait quitté les trois couleurs qui l'avaient conduite tant de fois à la victoire depuis Valmy jusqu'à la Moskowa. Les émigrés, ses ennemis, qu'elle avait battus tant de fois avec les régiments prussiens et autrichiens, dans lesquels ils étaient encadrés, étaient devenus ses chefs : il fallait qu'elle leur obéît.

Louis XVIII avait bien octroyé une Charte à son peuple ainsi qu'une Constitution parlementaire ayant vu, durant son séjour en Angleterre, que ce régime n'avait « d'autre inconvénient que des désagréments quelquefois « assez sérieux pour les ministres » (2) ; mais cette Constitution n'était en réalité qu'un trompe-l'œil et le pouvoir royal, plus despotique que jamais, n'avait d'autre limite véritable que *son bon plaisir*.

Toutes les conquêtes de 1789 étaient menacées par les

---

(1) *Histoire de la campagne de* 1815, p. 41.
(2) Thiers. *Histoire du Consulat et de l'Empire.* T. XVIII, p. 83.

anciens nobles revenus de l'exil sans avoir oublié un seul de leurs préjugés.

La révolution était prête : toute la nation n'attendait qu'un signe pour se soulever contre ceux qu'elle considérait, avec raison, comme les lieutenants de l'étranger.

Ce signe, Napoléon le donna en débarquant, le 1er mars, au golfe Juan. « La victoire, disait-il en mettant « le pied sur le continent, marchera au pas de charge, « l'aigle avec les couleurs nationales, volera de clocher « en clocher jusqu'aux tours de Notre-Dame. »

Ce ne fut pas une victoire, ce fut un long triomphe du golfe Juan aux Tuileries. La France tout entière acclama l'empereur ; la France était avec lui parce qu'il représentait 1789 contre l'ancien régime : César avait disparu, on ne voyait plus en Napoléon que l'héritier de la Révolution.

« Ce fut une force d'attraction irrésistible, aveugle ; « l'étonnement d'abord, puis l'éblouissement, puis l'admiration nous conquirent presque tous au même moment » (1).

« Pas un coup de fusil n'était parti pour défendre les « Bourbons, dit un historien, pas une goutte de sang « n'avait été versée pour le rétablissement de l'Empire ; « c'est que cette révolution inouïe ne sortait pas d'un « complot, mais d'une conspiration universelle (2). »

Ceux-là même qui, lâchement, s'étaient empressés d'adorer le pouvoir des Bourbons, reprirent avec un non

---

(1) Edgar Quinet. *Histoire de la campagne de 1815*, p. 47.

(2) Victor Duruy. *Histoire de France*, t. II, p. 655 Paris, Hachette, éditeur, 1880.

moins grand empressement la cocarde tricolore (1). Le
maire, les adjoints, les conseillers municipaux de Bourg
furent de ce nombre : le 14 mars 1815, dès la réception
de la nouvelle de la rentrée de Napoléon à Paris, ils pu-
blièrent d'enthousiasme les nouveaux décrets impériaux,
abattirent le drapeau blanc et arborèrent au balcon de
l'Hôtel de Ville le drapeau d'Iéna et d'Austerlitz.

(1) Seule, en réalité, la vieille aristocratie de l'arrondissement
de Trévoux, dans notre département, avait sérieusement repris
pouvoir et influence. Elle fut menacée, à cette époque, d'un ter-
rible mouvement populaire que calmèrent certains officiers impériaux influents, Barthélemy Bacheville, entre autres, qui avait
accompagné Napoléon à l'île d'Elbe.

CHAPITRE VI

LES CENT JOURS. — L'APPEL AUX ARMES. — LES PRÉPA-
RATIFS DE DÉFENSE NATIONALE. — LES VOLONTAIRES
DE L'AIN A ROMANS. — LA FÉDÉRATION DE BOURG.
— LES CORPS FRANCS.

Durant sa marche triomphale du golfe Juan à Paris, à
Grenoble, Napoléon avait dit : « J'arrive pour rendre
« notre belle France libre, pour me proclamer son pre-
« mier citoyen. »

Rentré aux Tuileries, il voulut, en partie du moins,
justifier cette parole. Il se rapprocha de Benjamin Cons-
tant et des autres libéraux, qui, par une étrange palino-
die, après avoir encensé les Bourbons quelques jours auparavant, se jetèrent dans les bras de Bonaparte.

Napoléon rédigea, avec ses nouveaux alliés, l'*Acte ad-
ditionnel aux constitutions de l'Empire*, qui consacrait
un certain nombre des libertés et des principes parle-
mentaires et qui, dans un plébiscite très restreint, fut
accepté par treize cent mille citoyens alors que quatre
mille deux cents seulement protestèrent contre son adop-
tion.

Cependant les souverains alliés, réunis au Congrès de
Vienne, avaient, le 25 mars, signé, dans cette capitale,
un pacte par lequel ils s'engageaient à maintenir dans
son intégrité le traité de Paris du 30 mai 1814 et à unir
tous leurs efforts contre Napoléon pour le maintien,
ajoutaient-ils, de la paix générale.

Aussi, en vertu de ce pacte, l'Europe tout entière coa-

lisée encore une fois contre la France faisait-elle des
armements militaires considérables et ordonnait-elle
à ses bataillons de reprendre la route de la Belgique et
de la Champagne.

Pour lutter contre l'étranger et contre l'invasion,
toute la France fut debout.

Grâce aux enrôlements volontaires, au rappel d'anciens soldats sous les drapeaux, l'effectif qui était de
175,000 hommes s'augmenta bientôt de 200,000.

Tous les hommes de vingt à quarante ans devaient, en
dehors de l'armée active, former 417 bataillons de
garde nationale mobile pour la défense des places fortes
et des frontières : tous ceux de quarante à soixante devaient se grouper en 3,000 bataillons de garde sédentaire
pour la protection des villes et des communes. Si on eût
eu le temps et les moyens d'organiser toutes ces forces,
c'était 2,300,000 soldats que l'on pouvait opposer à
l'étranger.

Tout ne put se faire, mais l'énergie de Napoléon et
l'enthousiasme populaire donnèrent néanmoins une
puissante impulsion au mouvement de défense nationale.

Tous sentaient que la patrie n'avait jamais couru de
tels périls et que, au milieu d'une nouvelle invasion, l'indépendance française risquait de périr à jamais.

Une proclamation du gouverneur de la Prusse rhé-
nane déclarant que le but des alliés était de démembrer
la France, « de diviser cette terre impie », mit le comble
à l'exhaltation populaire et donna un élan semblable à
celui de 1792.

Le gouverneur prussien, en effet, laissant entrevoir ce
rêve, qui, depuis des siècles, qui était, hier, en 1870, qui,

aujourd'hui même, est dans l'âme de tous les Teutons
du Nord, ce rêve qu'ils n'ont pas encore abdiqué et qui
hante leur cerveau comme une monomanie sanglante,
ajoutait que les souverains alliés s'empareraient des
biens des Français pour les donner à leurs fidèles sujets
et « qu'ainsi les princes et les sujets allemands trouve-
« raient, les uns des vassaux, les autres des biens fertiles,
« dans ces pays où les baïonnettes allemandes maintien-
« draient une terreur salutaire ».

Envisagée ainsi, la prochaine invasion de 1815 devait
donc, à tous les points de vue, être la reproduction de
l'invasion des Barbares au iv° siècle.

La guerre des Barbares recommençant, la France allait
se préparer à défendre ses foyers et ses champs en même
temps que son drapeau et son honneur.

Les citoyens qui, soit à cause de leur âge, soit à cause
de leurs fonctions, n'étaient point appelés sous les drapeaux, se groupèrent, dans les divers départements, en
fédérations pour lutter contre les envahisseurs. Le mouvement partit de la Bretagne et se répandit rapidement
dans tout le reste du pays.

A Paris, les ouvriers des faubourgs Saint-Antoine et
Saint-Marceau suppliaient l'empereur de leur donner des
armes.

Dans le Midi, d'autre part, le duc et la duchesse d'Angoulême s'efforçaient d'organiser un mouvement royaliste. Le duc réunit à Marseille et dans la vallée méri-
dionale du Rhône un certain nombre de partisans, qu'il
divisa en deux colonnes dans le but d'enlever Lyon et
Grenoble : il comptait se rendre maître aisément de ces
deux villes que leurs garnisons avaient abandonnées
pour suivre l'Empereur lors de son retour de l'île d'Elbe.

Ses calculs et ses espérances furent déjoués grâce à l'énergie des populations de nos départements de la région lyonnaise.

Tous ces départements, l'Isère, le Rhône, l'Ain entre autres, formèrent de nombreuses compagnies de volontaires qui se portèrent au-devant des troupes du duc d'Angoulême.

L'empereur avait nommé Grouchy général en chef avec l'ordre de lever toutes les gardes nationales du Lyonnais, du Dauphiné et de la Bourgogne ; mais Grouchy n'eut pas besoin d'intervenir : les compagnies de volontaires levées spontanément suffirent pour arrêter le duc d'Angoulême.

Nous avons dit que ce dernier avait formé son armée en deux colonnes : la première fut repoussée dans la région alpestre par les volontaires de l'Isère ; la seconde, à la tête de laquelle se trouvait le duc en personne, se heurta à Romans contre les volontaires du Rhône et de l'Ain qui la culbutèrent, la mirent en pleine déroute et amenèrent, dans cette défaite, l'arrestation du prince à Pont-Saint-Esprit. Le duc fait prisonnier fut reconduit à la frontière sur l'ordre de l'Empereur.

Les compagnies de volontaires de l'Ain avaient été formées par des habitants de tout le département, mais surtout par ceux du Bugey et en particulier par ceux des cantons de Poncin et d'Ambérieu. « Les meilleures fa-
« milles d'Ambérieu, d'Ambronay, de Saint-Jean-le-
« Vieux, de Douvres et d'ailleurs y avaient des repré-
« sentants... César Savarin, ancien officier des armées
« de la République, retiré depuis plusieurs années à
« Saint-Jean-le-Vieux, son pays natal, jouissait d'une
« grande popularité dans cette région. La légion des

« volontaires de l'Ain fut placée sous son commande-
« ment » (1).

Le duc d'Angoulême prisonnier, la légion qui, quoi
qu'en aient pu dire ses calomniateurs, ne commit aucun
excès dans le pays, rentra dans ses foyers.

Le 11 avril, un bataillon de volontaires avait également quitté Gex, sous la conduite de Jacquemier de Gex,
de Roche de Chevry, de Béatrix de Collonges, de Debons
de Farges, pour rejoindre la légion commandée par Savarin ; mais, à Nantua, il apprit l'arrestation du duc
d'Angoulême et, croyant désormais sa tâche inutile,
rentra dans ses foyers (2).

Le 22 avril 1815, Napoléon avait ordonné dans tous les
départements frontières la création de corps francs.

Ces corps francs ne devaient recevoir aucune solde,
mais ils avaient droit aux vivres de campagne et « ce
« qu'ils prenaient sur l'ennemi était de bonne prise et à
« leur profit. Les canons, caissons et effets militaires
« étaient rachetés par l'Etat au prix des trois quarts de
« leur valeur » (3).

L'Etat leur payait en outre pour chaque prisonnier une
prime qui variait selon la valeur de la prise, depuis 30
francs pour le simple soldat et 100 francs pour le lieutenant jusqu'à 4,000 francs pour un lieutenant-général.

Le retour de l'ancien régime en 1814, son spectre oublié avant la chute de Napoléon et rappelé à tous les esprits par la première année du règne de Louis XVIII

---

(1) E. Tiersot. *La Restauration et les cours prévôtales dans le département de l'Ain.* Annales de la Société d'Émulation. Année
1885, p. 344.

(2) Voir Béatrix. *Histoire du pays de Gex*, p. 534.

(3) Béatrix. *Histoire du pays de Gex*, p. 535 et 536.

avaient suffi pour réveiller les plus apathiques, exalter tous les esprits, faire revivre dans toutes les âmes la foi patriotique de 1792.

Aussi est-ce à ce sentiment essentiellement révolutionnaire que le baron Baude, préfet de l'Ain, n'hésita pas à faire appel.

« La Révolution reprend son ancienne direction, dit-il « dans une proclamation à nos compatriotes. Jetez donc « les yeux sur les hommes qui, dès 1789, se sont pro- « noncés pour une sage liberté, qui ont voulu la réforme « des abus, les institutions libérales et propres à garantir « l'indépendance de la nation. »

De telles paroles devaient avoir un écho retentissant dans le cœur des patriotiques populations de la Bresse et du Bugey.

Le 16 mai, à Bourg, sur l'avis d'une délégation des fédérés de Lyon, reçue quelques jours après avec le même enthousiasme à Trévoux, à Nantua, à Gex et à Belley, une fédération locale se forma aux cris de : « Vive la Nation ! « Vive la Patrie ! Vive l'Empereur ! » sous la présidence du chevalier Bernard, maire de la ville (1).

Plusieurs compagnies de corps francs s'organisèrent sur les différents points du département : dans le Bugey, sous le commandement de Noblens et de César Savarin ; à Gex et Ferney, sous celui de Terray (de Versoix), de Fournier, d'Albert (de Divonne) ; dans la Bresse, sous

---

(1) On le sait, l'Empereur refusa le secours des fédérations : c'étaient des forces révolutionnaires et, malgré le danger de l'heure présente, il entrevoyait là un danger pour son despotisme futur. Bien que les fédérations déclarassent énergiquement que, la guerre finie et la patrie sauvée, elles disparaîtraient, elles ne purent vaincre les craintes de Napoléon 1er.

celui de Puthod et de Morel. Le 2 juin, le maréchal Suchet plaça tous ces corps francs de notre département
sous les ordres de Joseph Béatrix, ancien capitaine des
corps francs en 1814 et adjoint municipal à Collonges,
qui, à cette occasion fut nommé colonel.

Béatrix adressa à tous les maires un chaleureux appel
en vue des enrôlements volontaires. Beaucoup de citoyens
y répondirent. Dans le seul pays de Gex, en effet, on
put lever trois compagnies de grenadiers et, dans l'arrondissement de Nantua, on put former cinq compagnies
fortes ensemble de 420 hommes.

Les maréchaux de camp Jeannet et Bouvier des Eclaz
organisèrent la défense.

Au fort de l'Ecluse on ajouta trois redoutes, l'une,
placée en avant, qui protégeait Collonges ; l'autre, prati-
quée dans le rocher, au-dessus du fort, là-même où, en
1814, nos paysans s'étaient placés pour assaillir de pierres les Autrichiens ; la troisième, en face, adossée au
mont du Wache.

« Le passage de la Faucille fut aussi fortifié ; une re-
« doute fut établie à la gorge, au-dessus de Pailli. L'on
« planta partout de fortes palissades, et toutes les rou-
« tes, tous les passages furent obstrués par des coupures
« et des abattis d'arbres. On fit avancer quelques batail-
« lons de gardes-nationaux des environs de Lyon et de
« l'Auvergne » (1).

A ces derniers se joignirent nos corps francs.

De son côté, le commandant Garbé, qui avait repris
son poste à Pierre-Châtel, ayant reçu une assez grande
quantité de fusils, les fit distribuer dans les arrondisse-

---

(1) Brossard. *Histoire du pays de Gex*, p. 502.

ments de Belley et de Nantua. Il arma également les bataillons des retraités de l'Ain et les grenadiers de la Haute-Saône. Il devait organiser également deux compagnies de partisans, les armer, même leur confier des canons ; mais ces compagnies ne purent recevoir qu'un commencement d'organisation.

Ainsi préparées, nos populations de la Bresse et du Bugey attendirent l'ennemi de pied ferme.

CHAPITRE VII

LE GÉNÉRAL FRIMONT ENTRE EN FRANCE PAR GENÈVE A LA
   TÊTE D'UN CORPS D'ARMÉE AUTRICHIEN. — GEX EST
   OCCUPÉ. — LES DIVISIONS MARASSIN ET DESSAIX DÉFEN-
   DENT NOTRE TERRITOIRE. — LES CORPS FRANCS. —
   COMBATS DE FLORIMONT, DES ROUSSES, DE LA MONTA-
   GNE DE FARGES. — ATTAQUE DU PASSAGE DE LA FAU-
   CILLE. — COMBAT DU PONT DU LISON. — RETRAITE SUR
   OYONNAX, NANTUA ET CERDON.

Le maréchal Suchet, duc d'Albuféra, avait été nommé
par l'empereur commandant en chef de l'armée des
Alpes.

Pendant ce temps, une armée de 60,000 Autrichiens,
sous les ordres du général Frimont, franchissait le
Simplon, traversait le Valais et arrivait sur les rives du
Léman.

Nos soldats, malgré une disproportion de forces con-
sidérable, engagèrent plusieurs brillants combats d'avant-
postes. Suchet, d'autre part, possédait sur le Rhône une
belle ligne défensive appuyée sur les fortifications qu'il
avait élevées au Mont-du-Chat, à Chanaz, au Molard-de-
Vion, à Bellegarde, sur le fort Barreau au sud, sur le fort
de l'Ecluse au nord. La division Dessaix occupait Genève
et Thonon ; la division Marassin avait son quartier général à Collonges : des deux brigades de cette division,
l'une, celle du général Bouret était à Gex et à Saint-Genis,
l'autre, sous les ordres du général Guillet, tenait Nantua
et Châtillon-de-Michaille. C'est cette dernière division du
général Marassin qui reçut dans ses rangs les corps francs

du département de l'Ain. Les troupes et les habitants étaient animés du plus grand enthousiasme et du plus héroïque patriotisme. On pouvait espérer dans l'Est une glorieuse campagne ; mais la nouvelle du désastre de Waterloo vint détruire tous ces moyens de résistance.

Le 26 juin, le général Frimont envahissait Genève et détachait immédiatement un corps d'armée pour attaquer le pays de Gex.

Le 27, Sacconex fut occupé par l'ennemi.

Marassin avait en face de lui des forces ennemies trop considérables pour tenir tout le pays de Gex. Il envoya la brigade Bouret défendre le passage de la Faucille avec les partisans du capitaine Fournier et du commandant Terray. Quant aux restes de ses forces, il **les** concentra à Châtillon-de-Michaille, tout en laissant le 2e bataillon de grenadiers de la Haute-Saône, quelques compagnies des chasseurs du Puy-de-Dôme et les corps francs de l'Ain pour défendre les abords du fort de l'Ecluse.

L'avant-garde autrichienne était à Saint-Jean, le 27 juin, elle envoya en avant une reconnaissance de chasseurs et de cavaliers. Le colonel Béatrix, le capitaine Beau et trente de leurs hommes des corps francs s'avancèrent contre l'ennemi vers le village de Farges. Le colonel Béatrix fit cacher sa troupe dans un petit bois et, quand les Autrichiens se furent avancés dans le village, il engagea le feu et fit charger l'ennemi par le capitaine Beau et quinze soldats. Les Autrichiens surpris se débandèrent et prirent la fuite à travers champs dans la direction de Chalex, laissant sur le terrain un mort, plusieurs blessés et deux prisonniers.

Le même jour, Marassin ordonna à deux compagnies de la Haute-Saône et aux retraités de Collonges de s'enfermer dans le fort de l'Ecluse et lui-même, avec le reste de ses troupes, les corps francs entre autres, occupa les chalets de Grobet et de Saint-Jean ainsi que la montagne de Farges pour couvrir le fort.

A Gex, l'émotion était fort vive. Les troupes françaises s'étaient concentrées dans la ville et avaient préparé la défense; mais, dans la nuit du 1er au 2 juillet, elles jugèrent prudent de battre en retraite vers la Faucille, dans la crainte que les Autrichiens, dont l'arrivée en nombre leur avait été signalée, ne parvinssent à tourner leurs positions et à leur couper la retraite vers la redoute du col, c'est-à-dire vers le point le plus important de la résistance.

Le 2, à six heures du matin, une foule compacte de soldats autrichiens s'abattit sur la ville et se prépara à gravir la montagne. Hussards et chasseurs, après avoir traversé Gex au pas de course, engagèrent une vive fusillade avec les avant-postes français sur la grande route, au-dessous de Florimont. La fusillade devint bientôt générale.

« Les Autrichiens montaient de toutes parts et cher-
« chaient à atteindre les hauteurs ; mais partout ils trou-
« vaient des gardes nationales ou des corps francs qui
« les recevaient à coups de fusil. Les canons français de
« la redoute, chargés à mitraille, balayaient les routes et
« écartaient les assaillants ; c'est ainsi que se passa toute
« cette journée » (1).

Cette attaque n'avait d'autre but que d'occuper l'attention de nos troupes et de masquer un mouvement tournant des Autrichiens sur le village des Rousses dans

_____

(1) Brossard. *Histoire du pays de Gex*, p. 504.

le but de nous surprendre par derrière et d'enlever la redoute ; mais ce plan habilement conçu ne réussit pas.

Le village des Rousses avait été fortifié par nos officiers du génie et, quand les Autrichiens se présentèrent, ils perdirent vainement quatre ou cinq cents hommes pour enlever cette position. Ils furent repoussés et, pour se venger de cet échec, ils brûlèrent une dizaine de maisons du village parce que, ayant aperçu dans nos rangs quelques soldats sans uniforme, ils avaient supposé que c'étaient des habitants des Rousses.

D'un autre côté, à la montagne de Farges, les Autrichiens ne réussissaient pas mieux dans leur attaque. Pendant plusieurs jours, le 1er juillet entre autres, ils renouvelèrent l'assaut, mais toujours ils furent repoussés avec perte par nos corps francs, dont le chef, le colonel Béatrix, reçut à cette occasion, pour sa belle conduite, la croix de la Légion d'honneur.

Le 2 juillet, la division Dessaix, qui avait dû évacuer la Savoie devant les forces supérieures de l'ennemi, arriva à Châtillon-de-Michaille et remplaça dans la ligne de défense, à côté de nos corps francs, la division Marassin, qui s'était repliée sur Nantua et la vallée d'Oyonnax.

Jusqu'au 5 juillet, nos vaillants corps francs parvinrent à repousser les attaques réitérées et quotidiennes des Autrichiens ; mais, à partir de ce jour, la face des choses se modifia profondément.

Pendant que l'aile droite de l'armée autrichienne attaquait le village des Rousses, un corps d'armée de cinq à six mille hommes franchissait le Jura par le col Crozet et, arrivant à Châtillon par les vallées de Lélex et de Chézery, venait mettre le siège devant le fort de l'Écluse.

Quant au général Frimont, il franchissait le Rhône à
Bellegarde sur le pont de Luccy.

Aux Rousses, le poste français était enlevé et le général
Beuret se repliait pour défendre tant le passage que la redoute de la Faucille. Le général Beuret et les corps francs
défendirent vigoureusement ces postes quand l'ennemi,
qui continuait sa marche en avant, vint les attaquer ;
mais les nôtres étaient peu nombreux et les Autrichiens
disposaient de forces considérables. Aussi nos troupes
durent-elles profiter de la nuit pour évacuer la Faucille
et se retirer sur Saint-Claude.

Au pont du Lison, le général Beuret soutenu par deux
compagnies de volontaires bressans commandées par
Puthod et Morel, tenta encore une résistance courageuse,
mais inutile.

Les 5, 6 et 7, la canonnade se continua entre les
corps francs et les Autrichiens ; mais les nôtres, écrasés
par le nombre, durent encore reculer. Les habitants de
Maillat s'étant joints aux nôtres pour défendre leurs
foyers, l'ennemi victorieux, renouvelant son forfait de
l'année précédente, mit une seconde fois le feu au village, furieux sans doute de ce que cette héroïque résistance eût permis à notre artillerie de lui échapper et de
se retirer à Cerdon, en lieu sûr.

Beuret continua sa retraite sur Oyonnax ; à Nantua,
les corps francs qui le suivaient rencontrèrent ceux commandés par Béatrix. Les uns et les autres furent envoyés
à Maillat et suivirent le maréchal Suchet jusqu'à Roanne
dans la Loire, d'où ils ne revinrent que la paix conclue.

Béatrix, en effet, le 6 juillet, après une énergique résistance sur les flancs du Jura, avait dû, sur l'ordre

même du général Dessaix, devant les forces ennemies qui menaçaient de l'envelopper, se replier sur Nantua. « Cette retraite s'exécuta avec audace. La petite troupe « des partisans atteignit le village de Confort, au mo- « ment où les deux colonnes autrichiennes allaient faire « leur jonction, et gagna Nantua où elle arriva au grand « étonnement de l'armée, qui était sur les bords du lac « de Sylans et qui la croyait prisonnière » (1).

Les nôtres chassés de la Faucille, 25,000 Autrichiens occupèrent pendant trois jours le pays de Gex. « Toutes « les maisons isolées de la Maladière, du Pailli et du revers « de la montagne furent pillées par l'ennemi. Beaucoup « de bétail fut détruit, et les fromages des chalets pres- « que tous enlevés.

« ... La vallée de Mijoux souffrit encore davantage, « dès que les troupes alliées purent y pénétrer : un habi- « tant de Cessy, qui s'était enrôlé dans les corps francs, « ayant été pris, fut fusillé. Dès ce moment, la ville de « Gex fut écrasée par un passage continuel de troupes, « d'artillerie et de bagages » (2).

---

(1) Béatrix. *Histoire du pays de Gex*, p. 541.
(2) Brossard. *Histoire du pays de Gex*, p. 505.

CHAPITRE VIII

DÉFENSE DU FORT DE L'ÉCLUSE ET DU FORT DE PIERRE-
CHATEL EN 1815.

Nous l'avons dit plus haut, le général Frimont était
venu, après avoir franchi le Rhône, mettre le siège devant
le fort de l'Ecluse. Une partie des troupes qui avaient enlevé la Faucille, descendant par la vallée de Lélex, vint
le rejoindre.

Le vieux château-fort, qui remontait au xiv⁰ siècle et
qui, comme celui de Pierre-Châtel, servait à loger les
vétérans et les prisonniers de guerre, avait été, en 1815,
augmenté de trois fortifications, une redoute en Savoie
sur le contre-fort nord du Mont-Wache, une autre sur le
rocher du grand Mauregard du côté de Genève, enfin une
tour crénelée sur le plateau supérieur.

La garnison avait des approvisionnements pour trois
mois : elle se composait d'un détachement de retraités du
pays de Gex, commandé par le lieutenant Brigad (de Collonges), de quinze canonniers sous les ordres du capitaine Magdelaine, d'une compagnie de gardes nationaux
mobilisés de la Haute-Saône. Un officier du génie, le lieutenant Guérin, en faisait également partie.

Le commandant du fort était un vieux soldat d'Espagne,
le chef de bataillon Villetard de la Guérie : il ne ressem-
blait en rien à Lecamus de Coëntenfoë, qui, en 1814, avait
livré le fort à l'ennemi.

La défense de 1815, malgré quelques défaillances re-
grettables, allait effacer la trahison de 1814.

Trois mille Autrichiens avec vingt bouches à feu étaient venus mettre le siège devant le fort.

Dans les premiers jours de juillet, une vingtaine de partisans éparpillés dans la montagne inquiétaient les bataillons autrichiens, mais ce n'était, certes pas, cette poignée d'hommes qui pouvait empêcher l'ennemi de dresser ses batteries devant le fort.

Il établit son quartier général dans le pré de la Grange et occupa le rocher de Chava-Rocha, qui dominait notre redoute du grand Mauregard.

Du côté de la Savoie, les nôtres avaient dû, devant la retraite de Dessaix, évacuer le Mont-Wache : les Autrichiens s'en emparèrent et, de là, purent dominer et bombarder le fort sans difficulté.

Le 5 juillet, les troupes autrichiennes, partagées en trois colonnes, atteignirent la redoute du grand Mauregard, qui était défendue par une compagnie de gardes nationaux mobilisés commandés par le capitaine Lélu et par douze canonniers sous les ordres du lieutenant du génie Gauthier. Il y eut un moment d'hésitation parmi les gardes nationaux, mais ils furent bientôt rassurés par le sang-froid des canonniers et se battirent comme de vieux soldats.

Les Autrichiens avançaient péniblement à travers les rochers et les broussailles, mais dès qu'ils entraient dans le sentier, qui conduisait au sommet du rocher, les deux pièces d'artillerie de la redoute faisaient feu et balayaient le chemin. Les abords de la redoute étaient jonchés de cadavres ennemis.

La fusillade durait depuis deux heures quand le commandant du fort fit une sortie et parvint à renouveler les provisions de la redoute. Néanmoins, les gargousses étant épuisées, les artilleurs enclouèrent leurs pièces et s'armèrent de fusils.

A huit heures du soir, le combat durait encore : malheureusement les nôtres ne pouvaient plus tirer que difficilement, leurs fusils étant encrassés.

Il fallut donc battre en retraite et abandonner la redoute : Ils le firent en très bon ordre et rentrèrent dans le fort. Ils n'avaient perdu que cinq hommes, soit un tué et quatre blessés qui furent faits prisonniers. Les ennemis avaient vu tomber deux cent vingt des leurs.

Pendant toute cette même journée, les batteries autrichiennes avaient commencé le bombardement du fort.

Le soir, la redoute du grand Mauregard étant enlevée, l'ennemi envoya un parlementaire pour proposer une capitulation au commandant Villetard de la Guérie, qui la repoussa.

Le 6 au matin, les batteries autrichiennes élevées sur le Mont-Wache ouvrirent sur le fort un feu plongeant, auquel les nôtres ne purent répondre qu'en mettant leurs pièces à découvert sur la plate-forme, les embrasures du bâtiment ne permettant pas de tirer de bas en haut. — La batterie ennemie était à sept cent cinquante mètres.

Une centaine d'obus était déjà tombée sur le fort quand le feu prit aux fourrages et se communiqua à une partie du bâtiment. Une vingtaine de gardes nationaux effrayés se révoltèrent alors et vinrent croiser leurs baïonnettes sur la poitrine du commandant Villetard de la Guérie pour le forcer à capituler, ne voulant pas, disaient-ils, eux, pères de famille, être brûlés vifs. Le commandant résista et fut délivré par le reste de la garnison de ces mutins qui se réfugièrent alors sous les blindages, où, le lendemain, la plupart furent écrasés.

Le 7, à la pointe du jour, le bombardement recommença. A sept heures du matin, l'ennemi avait réussi à incendier tout le bâtiment : la partie située sur la porte de Genève s'écroula subitement écrasant trente-deux des nôtres et ensevelissant deux de nos pièces de canons.

Le capitaine Magdelaine, qui essayait d'éteindre l'incendie, fut relevé de dessous les décombres grièvement blessé par un éclat d'obus.

La lutte était devenue impossible ; le commandant Villetard de la Guérie fit hisser le drapeau blanc et, le feu de l'ennemi ayant aussitôt cessé, il monta dans les étages supérieurs pour réunir ses soldats. Mais, à peine fut-il sorti du fort, que la petite garnison se rendit à discrétion.

Le commandant proposa alors au lieutenant Gauthier et à ceux qui l'entouraient de s'échapper à travers les lignes ennemies. Tous acceptèrent et cette petite troupe parvint à s'enfuir grâce à une échelle de corde que le commandant avait eu la précaution de faire établir dans les rochers qui dominent le fort. Tous ces braves, après deux jours et deux nuits de marche à travers les montagnes du Jura, purent rejoindre les avant-postes français à Champagnole (1).

Au sud du département, Garbé avait repris le commandement du fort de Pierre-Châtel. L'argent manquant, le génie n'avait pu achever les travaux défensifs de cette forteresse, que le commandant fit continuer par réquisitions. Quant à la garnison, elle se composait de cinq cent trente-trois hommes.

_____

(1) Voir Brossard : *Histoire du pays de Gex*, p. 506 et surtout Péatrix : *Histoire du pays de Gex*, p. 549 à 554.

A la suite de la défaite de Waterloo, le maréchal Suchet ayant pu, grâce à un armistice conclu avec le comte de Bubna, général en chef des troupes autrichiennes dans l'Est, faire repasser sans difficulté le Rhône à ses troupes, Garbé alla le trouver, lors de son passage à La Balme, et lui demanda des renforts. « Je le trouvai très triste, dit « Garbé ; il me répondit qu'un renfort serait inutile, at-« tendu que sous peu de jours, tout serait terminé » (1).

Le maréchal désespérait ; il n'en était pas de même du capitaine qui était bien résolu à se défendre comme il l'avait fait en 1814.

Au milieu de la retraite générale des troupes de Suchet sur la rive droite du Rhône, un détachement du 4° d'artillerie légère, qui se trouvait à Bellegarde avec cinq canons, n'ayant point de chevaux, embarqua ses pièces sur le fleuve et les amena à Pierre-Châtel.

Garbé fit placer une compagnie sur la montagne des Bancs, le premier siège lui ayant fait connaître que c'était là le point vulnérable.

Le 5, ayant appris qu'un détachement de dragons autrichiens était à Belley, il envoya à sa rencontre le capitaine Mayot et quelques hommes. Cette petite troupe s'embusqua sur la route de Seyssel. « Le détachement « ennemi, que certaines personnes de Belley avaient peut-« être, dans leur enthousiasme pour les alliés, un peu « trop fait boire, quitta la ville sans beaucoup d'ordre et « se retira au grand galop. Il reçut en passant une dé-« charge qui lui tua un homme et en blessa plusieurs ; « on fit un officier prisonnier et on prit deux chevaux que « le détachement ramena au fort. Le capitaine Mayot

---

(1) Garbé. *Défense du fort de Pierre-Châtel en 1814-1815*, p. 104.

« aurait pu leur faire plus de mal, mais il craignait de
« compromettre la ville où était sa famille » (1).

Le 12 juillet, Garbé conclut avec le commandant des
troupes autrichiennes placées sur la rive gauche du
Rhône un armistice, que justifiait et nécessitait même la
suspension d'armes précédemment signée par le maréchal
Suchet. La navigation du fleuve était absolument inter-
dite aux deux parties contractantes.

Cette convention ne touchait en rien les troupes placées sur la rive droite du Rhône. Aussi, le jour même,
où elle était signée, un corps d'Autrichiens, après avoir
réquisitionné une centaine de paysans avec leurs pelles
et leurs pioches, vint occuper Virignin.

Au-devant de ce village une vive fusillade s'engagea
promptement entre l'avant-garde autrichienne et un détachement placé sous les ordres du capitaine Mayot qui
fit reculer l'ennemi.

Bientôt la lutte devint générale. Garbé était sorti du
fort et avait disposé ses troupes dans d'excellentes positions, derrière des haies et des rochers, tandis que les
Autrichiens devaient essuyer son feu à découvert. A
neuf heures du soir, la nuit ayant empêché le tir de continuer, Garbé se retira dans le fort sans être inquiété.
L'ennemi avait vu tomber environ deux cents de ses soldats. Il mit à réquisition toutes les voitures de la région
pour transporter ses nombreux blessés : quant à ses
morts, le lendemain, c'est Garbé lui-même qui les fit en-
terrer. Nous eûmes seulement, de notre côté, six blessés
et deux morts. Nous fîmes prisonniers un officier et douze
soldats autrichiens.

---

(1) Garbé. *Défense du fort de Pierre-Châtel en 1814 et 1815*, p. 107.

Après avoir raconté simplement cette victoire, Garbé ajoute, ce que nous croyons sans peine, étant donné le résultat de la bataille : « La conduite et le sang-froid des « nôtres furent on ne peut plus dignes d'éloges. »

La compagnie des vétérans s'était héroïquement battue malgré les soixante ans que portait chacun de ses membres.

Si le commandant autrichien avait attaqué nos postes avec tant d'énergie c'est que le général Frimont, qui était alors en pourparlers avec le maréchal Suchet pour conclure un armistice définitif, espérait en enlevant Pierre-Châtel imposer au duc d'Albuféra des conditions plus léonines. La vaillance des défenseurs du fort, on l'a vu, trompa ses calculs et en disposa autrement.

Le 13, Garbé fit faire une nouvelle reconnaissance du côté de Belley ; mais l'ennemi n'y avait pas paru.

Le 14, un parlementaire lui apporta la nouvelle de la convention passée entre le général Frimont et le maréchal Suchet, convention qui abandonnait aux troupes autrichiennes Lyon et toute la région qu'elles avaient déjà occupée l'année précédente. Le parlementaire le sommait de rendre le fort, en ajoutant qu'il voulait « traiter en « amis », et que « l'honneur ne serait pas compromis, « que les armes de part et d'autre seraient respectées ».

Garbé refusa de livrer le fort, mais comme le général en chef avait conclu une convention qui le liait, il signa lui-même une nouvelle convention, en vertu de laquelle les troupes de Pierre-Châtel et les troupes autrichiennes occupant le Bugey gardaient les unes et les autres leurs situations respectives, s'engageant à ne faire aucun travail défensif ou offensif nouveau et à ne pas recevoir de renforts.

Le duc d'Albuféra approuva pleinement cette convention, mais le général Frimont la repoussa en prétextant que le commandant du fort de Pierre-Châtel était lié par celle consentie par son chef, le maréchal.

Garbé fait remarquer avec raison que, quelques jours auparavant, le général autrichien avait lui-même violé la convention de Lyon en faisant attaquer le fort.

Néanmoins on dut s'en tenir à la convention du 12 juillet, un point excepté : la navigation du Rhône était de nouveau ouverte pour le commerce et pour les besoins journaliers des habitants.

Le 21 juillet, Garbé reçut du maréchal Jourdan, commandant la 6e division militaire, l'ordre de faire reconnaître l'autorité du roi à sa garnison et d'arborer le drapeau blanc sur le fort de Pierre-Châtel. Garbé réunit tous les siens et leur fit la navrante lecture de ces douloureuses nouvelles. « Les soldats, raconte-t-il, « écoutèrent, dans un morne silence, les ordres qui « nous étaient transmis et la plupart d'entre eux laissè- « rent couler leurs larmes en voyant disparaître pour « la seconde fois le drapeau qui les avait si souvent « conduits à la victoire. La plupart de ces vétérans de « nos armées avaient assisté à toutes les glorieuses « batailles de la République et de l'Empire, et n'avaient « été éloignés du service actif que par l'âge ou les bles- « sures. Plusieurs, retirés dans leurs foyers, avaient été « portés par l'énergie de leur patriotisme à reprendre « du service au milieu du danger commun ; d'autres « enfin, plus jeunes et ne comptant qu'un petit nombre « de campagnes, se voyaient enlever les espérances qu'ils « avaient conçues. Leur pénible émotion à tous se dé- « guisa peu, je la partageai dans toute son étendue, et

« je dus faire effort sur moi-même pour en comprimer
« la manifestation » (1).

Malgré les pressantes instances du commandant autrichien, qui invoquait même le nom du roi Louis XVIII,
allié de l'empereur d'Autriche, Garbé refusa de livrer le
fort à ce singulier ami de la France, et lui déclara que,
même avec le drapeau blanc, il était prêt à soutenir un
siège et à s'ensevelir sous les décombres et les ruines
plutôt qu'à capituler.

Mais Garbé eut bientôt à lutter contre d'autres ennemis, le nouveau sous-préfet de Belley et les fonctionnaires royalistes qui dénoncèrent le fort de Pierre-Châtel
comme un foyer d'intrigues bonapartistes. On envoya
même au fort une nouvelle garnison placée sous les
ordres d'un ancien sergent qui avait déserté devant l'ennemi et que les Bourbons avaient réintégré comme officier dans les rangs de l'armée.

Quant à Garbé, qui avait avec tant de vaillance défendu
l'honneur et le drapeau de la patrie, il fut brutalement
destitué et remplacé par un émigré, M. de Naze. On fit
même à ce brave officier un stupide procès, sous prétexte
que, pendant le siège, il avait détenu illégalement — ce
qui était faux — un ancien chouan condamné à être
enfermé dans le fort : ce procès se termina par le suicide
de ce chouan, libre depuis quelque temps et qui crut
que le préfet royaliste voulait le faire enfermer de
nouveau.

Mais, malgré toutes les persécutions odieuses, dont il
fut l'objet de la part des autorités royalistes, Garbé,

---

(1) Garbé. *Défense du fort de Pierre-Châtel en 1814 et 1815*,
p. 135 et 136.

avant de quitter le fort, eut la joie de voir ses anciens
soldats et les habitants de Belley venir tous attester publi-
quement de sa loyauté et de sa bravoure.

Garbé avait tenu dans le fort alors que tout était fini
depuis longtemps : il était resté fidèle à la patrie au-delà
de sa défaite irrémédiable.

Il fut un de ces hommes vaillants, à la foi révolutionnaire ardente, qui étaient si nombreux dans notre région
que, au lendemain de Waterloo, le général Dessaix pouvait écrire au maréchal Suchet : « Les suppôts du roya-
« lisme ont bien pu établir une Vendée : si vous l'ordon-
« nez, une *Lyonnaise* en faveur de Napoléon II ou de la
« République sera de suite levée ; le tocsin sonnera par-
« tout et la France sera sauvée. »

CHAPITRE IX

LA DÉFAITE DE LA PATRIE. — LE RETOUR DES BOURBONS.
— LA TERREUR BLANCHE. — L'OCCUPATION DU TERRI-
TOIRE.

La trahison de Grouchy avait perdu l'armée nationale :
Napoléon avait vu, dans une lutte héroïque, son armée
décimée dans les plaines de Mont-Saint-Jean.

Waterloo livrait la France à l'invasion étrangère.

Davout, le ministre de la guerre, malgré les protesta-
tions de l'armée, capitula devant Blücher.

Tout était fini.

Les alliés n'osèrent pas réaliser le rêve hautement ma-
nifesté par les généraux prussiens au début de la guerre ;
ils n'osèrent pas détruire la France et la partager en
royaumes de Neustrie, de Bourgogne, d'Aquitaine, de
Provence ; mais ils ramenèrent leurs fidèles amis, les
Bourbons, dépouillèrent nos musées, enlevèrent une indemnité de guerre de 1,200 millions et imposèrent, à
nos frais, pendant trois ans, l'entretien de 150,000 soldats étrangers sur le territoire national.

Nos frontières, il les diminuèrent encore, faisant partout des trouées pour faciliter les invasions de l'avenir.

Dans notre cher département, les communes de Châ-
telaine, Collex-Bossy, Versoix, Meyrin, Verny, Pragny et
Sacconex furent détachées du pays de Gex et réunies à la
République de Genève.

Avec les escadrons autrichiens, des sotnias de Cosaques avaient envahi notre département. Et partout ce

n'étaient que réquisitions violentes et odieuses, réquisitions d'argent, de vêtements, de harnachements, etc...
Le cardinal Fesch, oncle de Napoléon, étant venu à Bourg et des cris de *Vive l'Empereur* ! ayant salué son passage, le général Frimont imposa la ville d'une amende de 60,000 francs qu'elle dut payer dans les vingt-quatre heures.

Et hussards autrichiens et cosaques russes, qui rançonnaient ainsi cyniquement nos populations, trouvaient de fidèles alliés et de dévoués auxiliaires dans les nouveaux fonctionnaires royalistes, que nous avait envoyés le gouvernement de Louis XVIII.

Le préfet du Martroy et ses acolytes inaugurèrent dans l'Ain ce qu'on a, avec raison, appelé la *terreur blanche*, plus criminelle que celle de 1793 puisqu'elle se faisait sans l'excuse d'un patriotisme affolé, puisqu'elle se faisait par ceux-là même qui étaient les pires ennemis de la patrie.

« Louis XVIII, notre père, nous est rendu ! » disait le préfet du Martroy dans ses proclamations et au nom de ce roi, qui accordait « un généreux pardon aux fautes des « Français », qui comblait le pays de « bienfaits », ce fonctionnaire faisait poursuivre impitoyablement tous ceux qui, même de la façon la plus inoffensive, laissaient entrevoir leurs sentiments bonapartistes ou patriotiques.

C'était à qui parmi les fonctionnaires se montrerait le plus violent. Procureurs et Sous-Préfets rivalisaient de zèle et d'ardeur. Les prisons étaient trop étroites pour contenir tous ceux que la lâcheté et l'indignité des magistrats y envoyaient comme ennemis du roi.

Les magistrats ne jugeant pas cependant d'une façon

assez impitoyable et assez rapide, le gouvernement royal établit dans chaque département une cour prévôtale composée d'un officier et de quatre juges décidant sans appel et sommairement (1).

Tant que les Autrichiens occupèrent notre département, les royalistes n'osèrent point se livrer à toute leur rage persécutrice (2) ; mais, après leur départ, leur fureur ne connut plus de frein.

Ailleurs, au nom du roi, on fusillait Ney, Labédoyère, les frères Faucher ; on condamnait Lavalette à mort ; on assassinait le général Brune à Avignon et le général Ramel à Toulouse ; on égorgeait les protestants à Nîmes ; ici, on arrêtait tous les vaillants chefs de nos corps francs, qui s'étaient noblement battus pour la France, Perréal et Bouvier de Collonges, le frère du colonel Béatrix, Jacquemier de Gex. Le colonel Béatrix et son père purent s'enfuir en Suisse au moment où on allait les arrêter. Quant à Savarin de Jujurieux, celui qui avait conduit nos corps francs à Romans contre la troupe du comte d'Artois, il fut pris, jugé par un jury exceptionnel et exécuté à Bourg.

En mourant, ce héros et ce martyr en appela au Peuple ; il proclama que toujours il avait servi sa patrie avec honneur et qu'il était victime d'une faction qui avait juré sa perte.

Un peuple qui a de tels martyrs ne peut périr.

La France vaincue était envahie et ses envahisseurs lui laissaient les Bourbons pour geôliers et pour bour-

---

(1) Voir sur ces cours prévôtales dans l'Ain l'excellent travail de M. Tiersot. *Annales de la Société d'Emulation de l'Ain.* Années 1883 et 1884.

(2) Béatrix. *Histoire du pays de Gex.* p. 555.

reaux ; c'était en vain, la France et la liberté ne pouvaient périr ; la vérité était définitivement sortie des ca-
chots de la Bastille, les droits de l'homme avaient été
promulgués par la victoire, les soldats plébéiens avaient
foulé aux pieds les couronnes ! Ce n'était pas en vain que
deux millions de Français étaient morts sur les champs
de bataille depuis Valmy et Jemmapes jusqu'à la Moskowa et à Mont-Saint-Jean ! Ce n'était pas en vain que
Vergniaud, Danton, Saint-Just, Guadet étaient montés sur
l'échafaud !

1814 et 1815, deux bourrasques terribles, qui mena-
cèrent d'engloutir la patrie ; mais le vaisseau de la France
a survécu à l'orage pour flotter encore avec son glorieux
drapeau. Après l'ouragan, le vaisseau était désemparé :
à ses flancs, les ennemis s'étaient attachés pour partager
plus facilement ses épaves, le pilote lui-même — un des
leurs — les leur livrait : des Français eux-mêmes lut-
taient pour le faire couler ; le navire n'a pas sombré.

Tes flancs ! ô noble terre de France ! tes flancs sont
inépuisables ! De tes propres mains, tu t'es fait les plus
horribles blessures, tu as fait couler le plus noble, le
plus pur de ton sang et cependant tu as toujours enfanté
en une éternelle jeunesse !

Au XIIIe siècle, tes enfants du nord se jettent sur tes
fils du midi, égorgent les Albigeois, étouffent dans le
sang et les flammes « la grande hérésie provençale qui
« fut l'aînée des sociétés modernes » (1) ; plus tard ce
sont les guerres de religion au milieu desquelles appa-
raît dans une sanglante auréole la nuit de la Saint-Barthé-
lemy ; c'est Louis XIV révoquant l'édit de Nantes, chas-

_____

(1) Jarrin. *La Bresse et le Bugey*, T. I, p. 277 et 278.

sant de France l'élite du commerce et de l'industrie qui va porter à l'étranger les arts, la science, le génie, l'âme même de la patrie ; plus tard encore, c'est la Convention s'immolant elle-même. Et cependant toujours la France, sur son sol inépuisable, a fait germer de nouvelles gloires, a reconquis une nouvelle jeunesse.

Jamais elle ne se relèvera, disaient les alliés en 1814, et, un an après, elle balançait dans les champs de Waterloo la fortune et les destinées de l'Europe ! Jamais elle ne se relèvera, répétaient-ils, après ce nouveau désastre et, dès 1820, elle menait le monde avec ses poètes Lamartine, Musset, Hugo, avec ses écrivains comme Châteaubriand, avec ses orateurs Foy, Manuel, Royer-Collard ; en 1827, son drapeau flottait triomphant à Navarin ; en 1830, à Alger ; en 1832, sur la citadelle d'Anvers.

Jamais la France ne se relèvera, répétaient ses ennemis après les lugubres désastres de 1870, suite fatale des folies de l'Empire, et, la cicatrice encore ouverte, la plaie encore saignante, la République reconstituait les forces nationales, étonnait l'Europe à sa grande fête industrielle de 1878 et promenait triomphalement les trois couleurs à Tunis, au Tonkin, à Madagascar.

La jalousie et l'envie de ses rivaux ne prévaudront jamais contre elle.

La France, la terre des droits de l'homme, tenant haut le flambeau de la civilisation, marchera toujours la première à la tête des nations dans la voie du progrès vers l'idéal suprême de justice, de liberté, d'égalité et de fraternité.

APPENDICE

——

L'OCCUPATION DE BOURG

EN 1814 ET 1815

Au moment où l'imprimeur va mettre sous presse mon manuscrit, M. Brossard, archiviste du département de l'Ain et de la ville de Bourg, a l'amabilité de me signaler dans les archives de la ville une liasse de documents où je puise une série de renseignements utiles pour l'histoire de cette douloureuse époque de 1814 et 1815.

*
* *

Je note d'abord un court résumé des événements de 1814 et 1815 — une feuille seule — écrit à l'époque.

Il en résulte que du 10 mars 1814 à la nuit du 12 au 13, la brigade Bardet empêcha les Autrichiens d'entrer dans la ville de Bourg. Le résumé ajoute :

Le dimanche 13 mars au matin les Cosaques sont rentrés. L'armée étrangère a occupé la ville jusqu'au 12 juillet 1814.

Le résumé parle de Cosaques : il y avait donc certainement des cavaliers russes dans l'armée qui envahissait le département. L'auteur du résumé n'a pas écrit ce mot à la légère, car il avait d'abord écrit *la troupe autrichienne*, puis il a rayé ces mots pour mettre *les Cosaques*.

Le même résumé se termine ainsi :

Occupation de 1815 : entrée des troupes étrangères le 8 juillet; évacuation le 19 décembre 1815.

*
* *

On a souvent exprimé des doutes sur le point de savoir
si la ville de Bourg avait été pillée par les alliés en 1814 :
nous-même l'avons indiqué dans une note de notre opus-
cule.

Or, il résulte des pièces trouvées aux archives municipales que la ville fut pillée par « les cavaliers autrichiens
« et russes » dans la nuit du 13 au 14 mars 1814. Il reste
83 réclamations d'habitants victimes du pillage deman-
dant soit à l'Etat, soit à la commune une indemnité.

Les alliés prirent tout, l'argent, les bijoux, les vêtements, escaladèrent les murs, brisèrent les portes et les
meubles : ce fut un pillage en règle.

Des 83 réclamations, nous en retiendrons deux.

Une dame Marguerite Fillon, veuve d'un médecin du
nom de Volland, écrit :

> L'exposante fut dépouillée de tout ce qu'elle possédait. Ce qui était
> de nature à ne pouvoir être enlevé fut absolument brisé et détruit.

L'autre réclamation est d'un sieur Carabasse, archi-
tecte, qui commence ainsi sa plainte :

> A 8 heures du soir, un nombre de soldats perfides escalada le
> mur de clôture du jardin, s'introduisit ensuite dans la maison, où
> le sieur Carabasse était pour lors seul, il fut pris au colet, traîné
> dans sa chambre et fouillé — on lui prit pour lors dix louis en or,
> deux écus de six livres, et une pèce de quarante sols — toutes les
> portes en général de l'intérieur de la maison furent ensuite ouvertes,
> de gré ou de force, ils se chargèrent pour lors de tout ce qui leur
> convenait. Arriva ensuite une seconde bande plus forte que la pre-
> mière, Carabasse fut traîné déshabillé et fouillé, une troisième
> bande fit la même cérémonie des premiers et seconds. Je me trou-
> vais pour lors presque anéanti et ils continuèrent leur brigandage.

Et Carabasse raconte en détail le pillage de sa maison,
les portes et les placards brisés, le vin volé, les vêtements
soustraits, etc...

Une pièce des archives vient encore préciser l'exactitude du fait du pillage : c'est *un état des effets pillés aux habitants de Bourg par les troupes des puissances alliées du 11 janvier au 11 juin 1814.*

Cet état ne comprend que les effets pillés, tels que meubles, linges et maisons incendiées, est-il écrit en tête.

C'est le relevé des pertes éprouvées par cinquante-deux propriétaires, y compris Carabasse, qui tous ont vu leurs demeures pillées dans la nuit du 13 au 14 mars 1814.

La valeur totale des objets pillés s'élève à 43.308 fr. 54.

Le compte indique avec un soin parfait les objets pillés et leur valeur, et ce pour chaque propriétaire.

A titre de curiosité, nous relèverons un de ces comptes : c'est celui d'un lieutenant-colonel, Grandjean, officier de la Légion d'honneur :

Un huilier en argent évalué	240 fr.
4 douzaines de chemises d'hommes	500 »
2 douzaines et demie de chemises de femmes......	300 »
19 robes en soie, basin, indienne, mousseline, perkale.	800 »
Dentelles et voiles...........................	1.700 »
12 jupons de dessous garnis...................	240 »
10 corsets de nuit garnis....................	100 »
18 nappes....................................	150 »
6 douzaines de serviettes	150 »
24 draps....................................	300 »
2 habits dont un bleu.......................	200 »
4 pantalons	100 »
12 gilets basins ou petits piqués uniformes	72 »
3 douzaines de cravates.....................	150 »
3 douzaines de mouchoirs de poche............	200 »
1 douzaine de bonnets de coton	36 »
6 paires de rideaux de fenêtres en coton et perkale.	300 »
1 lit blanc garni...........................	300 »
Une couverture de catalogne..................	60 »
Une bourse contenant en or et en argent...........	400 »
Une croix d'officier de la Légion d'honneur........	120 »
Total...................	6.748 fr.

Les autres comptes sont analogues et tous sont datés du 26 octobre 1814, jour où probablement ils ont été arrêtés (1).

On voit bien par eux que ce n'est point le fait de quelques pillards isolés, mais bien un pillage en règle.

Bourg a donc bien été pillé en 1814 (2).

Du reste, il résulte de nombreuses pièces conservées aux archives que, pendant toute la durée de l'occupation, soit en 1814, soit en 1815, les habitants ne cessèrent de se plaindre des déprédations causées chez eux par les Autrichiens, des quantités de vivres et de fourrages gaspillées par eux. Beaucoup, ruinés par ces soldats étrangers, allèguent leur misère, leur âge, ou leur infirmité pour demander à être dispensés de les loger.

Une commission avait été nommée par le Maire pour « le nivellement des rôles des réquisitions et dépenses « de guerre ».

Lors de l'occupation de 1815, les vexations et les excès des soldats autrichiens furent tels que, le 6 novembre de cette année, le préfet du Martroy dut écrire au Maire de la ville pour l'inviter à faire connaître les plaintes des habitants :

Les soldats autrichiens, dit-il, forment continuellement des demandes exagérées et font éprouver toutes sortes de mauvais trai-

---

(1) Le compte de Carabasse relate les bijoux volés à sa sœur et à ses deux nièces, les vêtements volés à sa domestique.

(2) Presque tous, sinon tous, les citoyens dont nous avons retrouvé les comptes comme ayant été pillés, habitaient les faubourgs du Jura, d · Lyon et de Mâcon. Seuls les faubourgs ont-ils été pillés ? Peut-être. D'autre part, M. Jarrin écrit dans son livre : *Grandeur et décadence de la Bourgeoisie de Montbeney*, p. 128 : · Les « Allemands firent preuve de discipline ; il n'en fut pas de même « des cent cinquante Cosaques qui leur servaient d'éclaireurs. · Peut-être aussi les Cosaques seuls se sont-ils rendus coupables du crime de pillage ; mais nous en doutons.

tements à ceux des habitants qui refusent d'y accéder. Déjà la tranquillité publique a été plusieurs fois troublée, et plusieurs bourgeois ont été victimes de la brutalité des militaires autrichiens.

Il ajoute qu'il signalera les coupables au colonel du régiment et au général de Frimont et demandera leur châtiment.

Pour en revenir à 1814, nous voulons signaler trois documents qui feront connaître les mœurs des occupants et leur sans-façon à l'égard des citoyens bressans.

Le premier est une lettre adressée, le 20 avril 1814, par le préfet au Maire de la ville. Le voici :

> Monsieur,
>
> En vertu d'un ordre qui vient de lui être transmis par M. le baron de Mesczéri, général de brigade de Sa Majesté l'Empereur d'Autriche, je vous invite à faire fournir de suite par l'un des trois pharmaciens de cette ville, que vous inviterez, les drogues et préparations médicamenteuses exprimées dans la note ci-jointe, et destinées au traitement des malades du 3ᵉ bataillon Landwehr.
>
> A l'avenir, et sur la demande M. de Goers, médecin en chef de la brigade, vous délivrerez également des réquisitions sur les autres pharmaciens tour à tour, afin d'éviter qu'aucun d'eux ne fasse des avances disproportionnées à ses moyens.
>
> Recevez, etc...   SIRAND.

Le second document est relatif aux dépenses publiques nécessitées par l'occupation.

Le 22 avril 1814, le Conseil municipal de Bourg avait voté un emprunt extraordinaire « pour subvenir au « payement des frais de table des officiers des troupes « des puissances alliées et autres dépenses ».

Voici le compte de ces dépenses :

Frais de table des officiers	1.423 »
Réquisitions de voitures......................	1.440 »
Gratification au commandant de la place........	800 »
Fourniture d'un cachet au même...............	72 »
Cocardes pour les troupes....................	316 50
Drogues et médicaments.....................	22 40
Déblai de la voûte du Cône..................	44 50
Remises du receveur à 4 0/0.................	84 40
Total	4 202 80

L'emprunt avait produit 4,220 francs.

Enfin le troisième est le suivant qui n'a pas besoin de commentaires :

Vu les plaintes fondées faites par les six canonniers logés en garnison chez M. de Lacottière sur le peu de nourriture qui leur est fourni par leur hôte ; vu le plat de viande qui nous a été représenté pour leur avoir été servi pour le diner de six, après avoir reconnu l'insuffisance de ce mets;

Le conseiller municipal de service à la mairie ordonne à M de Lacottière de se conformer au règlement publié pour la nourriture des troupes des hautes puissances alliées et de fournir par jour aux six canonniers logés chez lui six livres de viande cuite, la soupe pour six, un plat de légumes pour six, six bouteilles de vin, et un morceau de fromage et du vin à leur déjeuner.

A défaut, par M. de Lacottière de se conformer au présent, il y sera pourvu à ses frais par le moyen d'un aubergiste qui portera les vivres convenables chez M. de Lacottière.

Bourg, le 3 mai 1814.

CABUCHET.

Ce M. de Lacottière, qui, malgré son titre nobiliaire, paraît si peu sympathique aux alliés du roi, est, me dit-on, celui dont mon ami M. Jarrin, dans l'un de ses livres, raconte ce qui suit, d'après le récit d'un témoin oculaire : c'était un royaliste fervent ; le jour de l'entrée des alliés dans la ville, paré d'un superbe manteau, que la saison rendait très utile, il était dans la rue : au passage des soldats étrangers, il cria : « Vivent nos alliés! » Un Cosaque, qui, ne comprenant pas le français, ne pouvait saisir ce que ce cri avait de flatteur pour lui, mais qui voyait très bien que le manteau était superbe, saisit le dit manteau par sa boucle avec sa lance et traîna pendant une centaine de mètres son propriétaire dans la boue (1).

On comprend après cela que le zèle de M. de Lacot-

---

(1) *Grandeur et décadence de la bourgeoisie de Montbeney*, par Ch. Jarrin, p. 128 et 129. Authier et Barbier, éditeurs. Bourg, 1884.

Dans ce même livre, — livre très intéressant, — M. Jarrin donne

tière pour les alliés fût considérablement diminué, et
qu'il fallut l'intervention du conseiller Cabuchet pour
l'obliger à donner à ses hôtes la ration de vin et de légumes nécessaire pour alimenter leurs estomacs.

*
* *

En 1815, voici par quel billet retrouvé aux archives,
fut annoncée l'arrivée des troupes alliées :

Chalamont, 15 juillet 1815.

*Monseigneur l'Intendant de l'Armée autrichienne à M. le Maire de
la ville de Bourg.*

Monsieur,

Je vous préviens qu'un corps de 30.000 hommes et 6,000 chevaux arrivera demain matin 16 juillet à Bourg et de faire pré-

---

un extrait du *Journal de l'Ain* du 20 avril 1814, n° 32. Nous avons
le numéro sous les yeux. Voici l'article :

« *Bourg, 19 avril.* — MM. les officiers de la division de cavalerie de la brigade de M. le général Mezzezery, arrivés hier dans
notre ville, ont donné le même jour, à l'hôtel de la Préfecture,
une fête aux dames de Bourg. Rien de plus brillant et de mieux
ordonné. Ces messieurs, leur général présent, en ont fait les honneurs avec une politesse, une attention, une grace achevées. Le
beau sexe, que le bruit des armes avait fait fuir, a joui du plaisir
de la danse pour la première fois depuis un an. Wals, contre-
danses, écossaises, anglaises, se sont succédées tour à tour ; un
officier a exécuté la *cosaque* avec des bottes éperonnées, et s'est fait
admirer par sa légèreté et sa précision dans les pas les plus diffi-
ciles. La musique, tirée des différents corps autrichiens, était
excellente et nombreuse.

« A minuit, colation aux dames qui ont été servies par MM. les
officiers. Les tables, abondamment et magnifiquement garnies, ne
laissaient rien à désirer. La beauté et l'élégance des dames, l'urba-
nité de MM. les officiers, une musique d'harmonie exécutée dans
une salle voisine, tout a contribué à donner au banquet un charme
indicible. Pendant un moment le silence a régné. Inspiré par l'aurore des beaux jours, combien il était expressif ! le vrai bonheur
est calme, mais le cœur est expensif, et d'un mouvement spontané

parer le logement à MM les Officiers (toute la troupe sera campée), vous donnerez le boire nécessaire pour le camp.

(La signature est illisible.)

Durant cette seconde occupation, les agents du gouvernement royaliste rivalisèrent de brutalité avec les alliés à l'égard de la ville. Qu'on en juge !

Le 8 août 1815, le préfet baron du Martroy écrit au maire de Bourg pour faire envoyer d'urgence à l'ambulance, des médicaments que réclame l'intendant, le comte de Carziani, et transmet l'ordre de ce dernier que voici :

Monsieur le Maire de Bourg,

Vous ferez avoir, dans l'espace de trois jours, les articles contenus dans la pièce alléguée au directeur des hôpitaux d'ici sans

___

on s'est écrié *Vive Louis XVIII ! Vive le Père de la France !* La douce voix des dames, mariée à la voix mâle des guerriers, a formé un accord parfait, qui, renouvelé avec enthousiasme, a délicieusement affecté les âmes.

« Les toasts aux Puissances alliées, à l'Empereur d'Autriche en particulier, au prince de Schwarzenberg, à M. le général Mezzezery, etc., ont été portés avec ordre au milieu de nombreuses libations, au son d'une musique guerrière et avec une joie et une ardeur inexprimables.

« MM. les officiers ont porté la santé aux dames de Bourg qui ont daigné embellir leur fête ; et les dames ont rendu cette santé avec la grâce et l'aménité qui caractérisent le sexe.

« Les dames ont été reconduites à la salle de danse aux cris mille fois répétés : *vive le Roi ! vivent les Puissances alliées ! vivent la paix et l'union des nations !*

« Nous ne parlerons point des cavaliers qui ont pris ensuite place au banquet. L'affaire a été plus chaude, plus soutenue, plus bruyante. Nos acclamations chéries se sont fait entendre pendant toute la nuit, et rien ne saurait égaler le regret de s'être séparé, que le plaisir de se revoir. »

Et ce jour même, 20 avril, à l'aurore de ce bal odieux tant chanté par la feuille royaliste, Napoléon faisait ses adieux à la garde à **Fontainebleau** !

délai, ni réplique, sous peine d'une exécution très grave pour la ville.

Vous m'informerez sur le champ de l'accomplissement de cet ordre.

Bourg en-Bresse, le 8 août 1815.

Par ordre du Gouvernement,

Le Comte de CARZIANI, *intendant*.

Qui se douterait que c'est un fonctionnaire français qui parle en ces termes à des citoyens français?

Vraiment ne dirait-on pas que c'est un colonel autrichien ou un hetmann de Cosaques qui a écrit ces lignes?

Du reste, voici un second échantillon de la prose de cet intendant; c'est une autre lettre adressée au maire de Bourg :

Monsieur le Maire,

Comme l'hôpital d'ici, qui doit contenir 1.000 personnes, est trop gêné dans les emplacements, où il se trouve maintenant, vous ferez évacuer incessamment l'église déjà plusieurs fois demandée par la direction des hôpitaux, pour mettre les malades moins à l'étroit ce qui même devient nécessaire à raison de la santé des habitants de la ville.

Comme le commandant en outre me demande *quatre cents chemises et cent cinquante paires de souliers*, vous les lui ferez avoir en deux fois vingt-quatre heures, sous peine d'amende, et vous aurez soin que le linge de l'hôpital soit lavé aux frais de la ville.

Pour tout ceci vous vous mettrez en communication avec le commandant de l'hôpital et vous viendrez m'en faire les rapports tous les matins sur la manière prompte et suffisante de mettre cet ordre irrévocable en exécution.

Bourg-en-Bresse, le 10 août 1815.

Par ordre du Gouvernement,

Le Comte de CARZIANI, *intendant*.

*
* *

Pour montrer ce que coûta à la ville de Bourg l'entretien des troupes étrangères, sans compter les dépenses faites par les particuliers, nous résumerons deux pièces :

L'une est un état des dépenses extraordinaires faites du 11 janvier au 12 juin 1814 *pour nourriture entière aux officiers et pour expédient de vivres aux militaires,* et ce compte ne comprend pas les dépenses faites pour « les généraux, leur suite et les chefs d'administration, « dont la dépense de nourriture a été acquittée par les « fonds des frais de table fournis par les personnes les « plus aisées de la ville ».

Le 11 janvier, il est arrivé à Bourg, 12 000 hommes qui ont séjourné trois jours et ont été nourris par l'habitant, les magasins militaires n'étant pas encore établis.

Nombre des militaires étrangers.	Leurs grades.	Nombre des journées de logement.	Prix par jour de la nourriture.	Total pour le nombre des journées de logement.
12	Colonels	3	30 fr.	1.080
12	Majors ou chefs de bataillons	3	16	576
12	Chirurgiens-majors	3	8	288
12	Aides-majors	3	5	180
12	Aumôniers	3	5	180
24	Adjudants	3	5	360
72	Capitaines	3	8	1.728
72	Lieutenants	3	5	1.080
72	Sous-lieutenants	3	5	1.080
72	Sergents-majors	3	5	1.080
72	Fourriers	3	5	1.080
12.000	Soldats	3	1	36.000

Total pour les journées des 11, 12 et 13 janvier. 44.712

Du 14 janvier au 7 février il ne reste à Bourg que 3,000 hommes et la journée du soldat est abaissée à 0,60 c. parce qu'il reçoit des vivres des magasins, à l'exception du vin. Pour ce laps de temps, la dépense totale est de 57,838 fr.

Du 8 au 19 février, il n'y a plus dans la ville que 4,000 hommes et la dépense tombe à 10.840 fr.

Le 19 février, à six heures du soir, la division du général Musnier, forte de 6,000 hommes, débusque les

Autrichiens de Bourg. Elle séjourne à Bourg jusqu'au 27 et coûte d'entretien à la ville 17.388 fr.

Les troupes françaises restent jusqu'au 13 mars, où les alliés s'emparent à nouveau de la ville pour ne la quitter que le 12 juin.

Le chiffre total de la dépense faite par Bourg pour les armées soit françaises, soit étrangères, qui occupèrent la ville du 11 janvier au 12 juin s'élève à 214,375 fr.

Le second document est la pièce ci-jointe qui est « le « relevé exact des rations données à Bourg aux troupes « alliées du 11 au 31 janvier 1814 » :

14,357 rations de pain à 7 hect. 1/2.

8,102 rations de viande à 1/2 kil

17.683 rations de foin à 10 livres, soit en quintaux 1,768,30.

6,232 rations de paille à 10 livres, soit en quintaux 623,20.

25,187 rations d'avoine à 8 litres 1/2, soit en doubles-décalitres 10,704 9 1/2.

Ce qui fait en deniers, le prix de la ration de pain ayant été fixé à 17 c. 1/2 et celui des grains étant de 4 fr. le double-décalitre de froment, 2,512 47 1/2.

Sur les 8,102 livres de viande, 986 ont coûté 0,40, soit 394 fr. 40, et 7,116 livres 0 fr. 30, soit 2,134 fr. 80, ce qui fait un total de 2 529 fr. 40.

Les 1,768 quintaux et 30 livres de foin à 4 fr. le quintal, 7,073 fr. 20.

Les 623 quintaux et 20 livres de paille à 2 fr 50 c. le quintal, 1 558 fr.

Les 10,704 doubles-décalitres 9 litres 1/2 d'avoine à 4 fr. le double décalitre, 16,704 47 1/2.

Ce qui fait un total général de 24,377 fr. 35.

Il faut ajouter :

13 janvier : payé une malle pour le comte de Bubna à la dame Villard : 15 fr.

13 janvier : payé à Rauger, traiteur, pour la table de l'état-major du comte de Bubna : 300 fr.

Du 11 janvier au 6 février pour couvertes données aux officiers alliés : 5,710 fr.

3, février : payé à Milliandon pour fournitures de viande : 1,123 fr. 70.

Soit un total général de 7,148 fr. 70.

Sur cela 1,000 fr. ont été payés par l'Etat, 6,148 fr. 70 sont sortis de la caisse municipale.

*
* *

Nous avons également dans les archives municipales de Bourg l'état des dépenses extraordinaires occasionnées aux habitants de la Ville pour excédents de vivres donnés aux soldats alliés, les généraux et chefs d'administration exceptés, du 5 juillet 1815 au 19 décembre de la même année, jour de l'évacuation définitive.

Ce compte arrêté le 14 octobre 1816 par le maire de Bourg, Durand, est double : il comprend d'abord les dépenses faites pour les aliments — la journée du soldat étant estimée à 0 fr. 30 — et ce premier chapitre atteint la somme de 317,553 fr. 60 ; le second chapitre vise diverses impenses telles que ferrures de chevaux, frais d'hôpitaux, etc., et porte sur une somme de 20,383 fr. 37. C'est donc une somme totale de 337,936 fr. 97.

Un autre état daté du 16 février 1816 nous fait savoir que la Ville a en outre payé depuis le 8 juillet 1815 une somme de 3,898 fr. 10 pour des dépenses occasionnées par l'occupation des troupes étrangères.

Les Bressans payaient cher l'occupation autrichienne, mais, par contre, ils étaient sans cesse en butte à des vexations de toute nature. Un jour — le 13 août 1815 — le gouverneur général d'Ellevaux, qui représentait le roi, obligeait leur maire à donner à la garnison étrangère toutes les vingt-quatre heures alternativement du

vin et de l'eau-de-vie ; un autre — le 3 novembre 1815
— le sous-préfet, Louquet de Blossac, remplaçant le
préfet en tournée, les oblige à accepter les monnaies autrichiennes au taux fixé à Lyon, le 2 septembre précé-
dent, par le baron de Frimont.

Du reste, les fonctionnaires royalistes sont très zélés à
molester les habitants au profit des soldats autrichiens et
pour leur plaire. Ainsi, le 4 novembre 1815, le maire
ayant fait connaître les doléances des habitants, le préfet
du Martroy constate que les habitants sont épuisés et
n'ont plus de bois de chauffage par suite du cantonne-
ment depuis quatre mois du régiment du prince de Ho-
henlohe-Bartenstein ; ordonne en conséquence au maire
de faire tous les cinq jours des distributions de combus-
tibles aux habitants chez lesquels sont logés les soldats
de ce régiment — « à raison du nombre d'hommes éta-
« blis dans chaque logement et d'une ration par homme
« et par jour ».

Sous une autre forme c'était toujours les habitants qui
payaient.

Ajoutez à cela les passages de troupes qui, de temps à
autre, venaient augmenter les frais de nos pauvres aïeux
et vous aurez une idée de la triste situation de la cité.

Ainsi, le 7 décembre 1815, le Ministre secrétaire d'État
de la guerre, le duc de Feltre, écrit au préfet de l'Ain
pour lui dire que, le 12, les troupes autrichiennes tra-
verseront le département pour aller à Belfort : il n'en indique pas le nombre, mais il dit au préfet de se renseigner
« afin d'être en mesure de pourvoir, en ce qui le concerne,
« à la subsistance des hommes et des chevaux, lors de
« leur passage dans son arrondissement. Écrire, ajoute-
« t-il, aux maires des communes sur la ligne d'étape,

« d'entretenir la bonne intelligence entre leurs adminis-
« trés et ces militaires étrangers afin d'éviter toutes rixes
« pendant leur passage ». Il l'invite enfin à lui faire connaître le nombre des troupes alliées qui auront ainsi
filé par le département.

*
* *

Une dernière pièce : c'est la décision du Conseil municipal relative à la taxe extraordinaire de 60,000 francs
imposée, en 1815, par les Autrichiens à la cité, malgré
les supplications du maire qui, d'après un brouillon, que
nous avons sous les yeux, faisait remarquer au chef
étranger que « les habitants du département de l'Ain
« étaient doux et faciles à administrer », qu'ils méri-
taient donc quelques égards et que, d'autre part, cette
« contribution était bien plus difficile à donner que les
« contributions en nature, l'argent étant rare, puisque
« l'exportation des grains, seul moyen de s'en procurer,
« n'existait pas, par suite de l'absence de commerce et
« de débouché depuis deux ans ».

Le Conseil municipal de la ville de Bourg,
Vu la lettre de M. le gouverneur général Roochmanne du 31
juillet 1815, par laquelle il persiste à exiger la réquisition de la
somme de 60,000 francs, sous les peines d'exécution militaire et
d'enlèvement d'otages pris parmi les citoyens de la ville, si dans les
deux heures cette somme n'est pas remplie ;
Invite et au besoin requiert tous les ci oyens appelés à concourir
à l'emprunt de la somme de 60,000 francs et qui ont reçu une réquisition à cet effet, d'en faire le versement sur le champ entre les
mains de M. Martin, receveur de la ville,
Invite également tous les citoyens sans exception à verser, à
titre d'emprunt, entre les mains du dit receveur les sommes dont
ils pourront disposer, afin d'éviter à la ville les exécutions militaires,

Il compte sur le dévouement des habitants de la ville et leur rappelle que si. dans les six heures, la somme n'est pas remplie, leur cité sera exposée aux exécutions les plus rigoureuses, qui pèseraient indistinctement sur tous les citoyens.

Fait en conseil général et extraordinairement assemblé le 1er août 1815.

Signé : les Membres du Conseil.

Par extrait conforme. Signé : Le Chevalier Bernard.

Publié le dit jour, Guillot.

Tels étaient les alliés des Bourbons. Malheur aux hommes qui appellent l'invasion sur le sol de la patrie !

Il compte sur le dévouement des habitants de la ville et [...]
[...]
-[...]

SUR LES COMBATS DE 1815

Mon ami M. le baron Raverat, dans ses excellents livres sur le Bugey, — livres excellents pour l'historien comme pour le touriste, — a raconté, d'après son père, divers incidents des combats livrés en 1815 dans notre département.

Voici en quels termes il raconte le passage du pont de Lucey par les troupes du maréchal Suchet :

Le pont de Lucey, dit-il, n'était jadis qu'un mauvais pont de bois dont le tablier s'appuyait sur les rochers verticaux.

En 1815, à l'époque où une partie de l'armée des Alpes battait en retraite et se repliait derrière le Rhône, le pont de Lucey fut le théâtre d'une vigoureuse escarmouche entre la 10ᵉ légion de l'Isère, commandée par mon père, et un corps d'armée ennemi. Le baron Raverat avait reçu du maréchal Suchet l'ordre d'escorter, jusqu'à Lyon, un convoi d'artillerie ; or, les canons et les fourgons ne pouvaient passer qu'un à un sur le pont ; et l'ennemi nous talonnait.

Raverat embusquant ses hommes sur la rive droite du fleuve, parvint, à l'aide d'une fusillade bien nourrie, à contenir l'ennemi assez longtemps pour que le convoi pût passer. Le pont fut ensuite abattu, et nos soldats purent gagner de l'avance pendant que l'ennemi s'occupait à rétablir le passage (1).

Après avoir traversé le pont de Lucey, Raverat et sa légion séjournèrent à Châtillon-de-Michaille, mais ils durent battre en retraite devant des forces de beaucoup supérieures et s'engager dans la vallée de Nantua.

_____

(1) *Le Bugey. De Lyon à Genève*, p. 161 et 162. (Veton, libraire. Lyon, 1878.)

Le 5 juillet, Raverat s'arrêta au village des Neyrolles, ne garda avec lui que deux pièces d'artillerie et, dans la crainte que les Autrichiens ne s'emparassent de Nantua pour lui fermer le défilé, il dirigea de suite le reste de ses troupes sur Cordon.

Raverat se fortifia avec une poignée d'hommes aux Neyrolles, creusa un fossé, abattit les peupliers pour barrer la route.

Le 6 juillet, raconte son fils, les Autrichiens ayant appris la reddition du fort de l'Ecluse, résolurent de forcer le défilé des Neyrolles. Nos troupes se défendirent vaillamment contre un ennemi bien supérieur en nombre. Embusquée sur les escarpements et derrière la redoute, notre légion entendait la canonnade qui retentissait du côté d'Oyonnax et du côté de Sylans. Passant par-dessus la tête de nos hommes, les boulets allaient tuer des soldats du train et des soldats de la brigade Meynardier. On transportait à l'ambulance de Nantua de nombreux blessés ; tout le long du chemin ces braves, oubliant leurs souffrances, faisaient entendre les cris de : *Vive l'Empereur !*

Sur la fin de cette journée, le général Meynardier, forcé de battre en retraite, ayant envoyé au commandant baron Raverat l'ordre de quitter sa position, notre légion se mit en marche au milieu de la nuit ; laissant les feux allumés, elle rétrograda lentement, traversa Nantua, et rejoignit au point du jour la brigade Meynardier et le convoi qui avaient pris position en arrière du pont de Mailliat (1).

Et plus loin M. Raverat ajoute :

Depuis les Neyrolles, où l'on avait contenu les Autrichiens, notre convoi d'artillerie avait réussi à traverser Nantua et à gagner un peu d'avance. Cependant, arrivé en face de Mailliat, il allait être atteint par l'ennemi. Les habitants prirent les armes pour défendre leurs foyers ; le baron Raverat fit barricader le pont, et disposa ses hommes soit dans les maisons, soit derrière les arbres de la rive gauche de l'Oignin. La défense fut assez longue pour donner au convoi le temps de filer ; puis, vers le milieu de la nuit,

---

(1) Le baron Raverat. *Les Vallées du Bugey*, t. II, p. 426 et 427. Lyon, 1867.

la légion reprit en bon ordre sa marche sur Cerdon. Mais, trompés dans leur espoir de s'emparer de l'artillerie, les ennemis se vengèrent cruellement sur les habitants ; ils mirent le feu au village, et le ravagèrent de fond en comble. La flamme éclaira pendant plusieurs jours la marche de l'armée autrichienne ; cette exécution martiale jeta l'épouvante parmi tous les villageois qui eussent été tentés de suivre l'exemple de Mailliat (1).

Les incendies de Mailliat éclairaient d'une façon sinistre les bals royalistes de Bourg ; ils complétaient la fête ; c'étaient les feux de joie des envahisseurs et de tous ces royalistes, émigrés de Coblentz, qui chantaient des *Te Deum* au lendemain de Waterloo, de ces royalistes qui avaient à jamais renié la patrie française !

Les royalistes l'avaient voulu, l'idée de la Révolution était désormais inébranlablement unie à celle de la France, les Bourbons n'étaient et ne pouvaient être que les humbles serviteurs des ennemis de la Patrie.

(1) *Les Vallées du Bugey*, t. II, p. 442 et 443.

www.ingramcontent.com/pod-product-compliance
Lightning Source LLC
Chambersburg PA
CBHW052152090426
42741CB00010B/2235